Aristote de Bagdad

*De la raison grecque
à la révélation coranique*

Mohamad-Rézâ FASHAHI

Aristote de Bagdad

*De la raison grecque
à la révélation coranique*

Editions L'Harmattan
5-7, rue de l'Ecole-Polytechnique
75005 Paris

© *L'Harmattan, 1995*
Isbn : 2-7384-3738-9

à la mémoire de

François CHATELET

et

Jacques BERQUE

> Comprend-on seulement Hamlet ? Ce n'est pas le doute, c'est la certitude qui rend fou...
> F. NIETZSCHE, *ECCE HOMO*
> ....
>
> Il y a des esprits libres et insolents qui voudraient dissimuler et nier qu'ils sont, au fond, des coeurs incurables et brisés, - c'est le cas d'Hamlet -, et la folie, enfin, peut-être le masque d'un savoir funeste et trop certain.
>
> F. NIETZSCHE, *NIETZSCHE contre WAGNER*
> ....
> Friedrich Nietzsche, Oeuvres philosophiques complètes. Editions Gallimard, Paris, 1974, tome VIII, pp. 266, 369.

Du même auteur :

Développement intellectuel et social en Iran (1975)

La Pensée au Moyen-Age (1975)

Un dernier mouvement médiéval en Iran (Le Bâbisme) (1977)

La Crise actuelle de l'Iran (1981)

La Genèse du capitalisme en Iran (1981)

Idéologie et Morale (1981)

La crise du romantisme, Rousseau et notre temps (1981)

Poésie

Râya (1970)

Jeu de l'amour et de la mort (1981)

SOMMAIRE

AVANT-PROPOS 11

I : LA GENESE DE L'UNIVERSEL 21

II : ARISTOTE D'ATHENES OU
ARISTOTE DE BAGDAD ? 25

III : PLATON OU ZOROASTRE ? 35

IV : LONGTEMPS AVANT GALILEE 39

V : L'ECOLE D'ISPAHAN 47

VI : LA PHILOSOPHIE OU LA THEOLOGIE ? 55

VII : LUMIERE ET TENEBRES 63

VIII : PHILOSOPHE, POLITICIEN, MARTYR 67

ANNEXES 91

AVANT-PROPOS

Cet essai condensé est une synthèse de mes recherches précédentes qui, du point de vue de la géographie humaine, se limitent à une vaste région dans laquelle les langues iraniennes, c'est-à-dire le persan, le kurde, le baloutch, l'ossète et le pachto ou afghane y étaient et restent prédominantes. Cette région englobe non seulement l'Iran actuel, mais également de larges secteurs de l'Asie Mineure, de l'Asie Centrale, l'Afghanistan, le Pakistan et l'Inde.

Actuellement, la langue officielle du Tadjikistan est le persan et dans le Caucase les habitants s'expriment selon les différents dialectes ossètes. Le persan et le pachto sont les langues officielles de l'Afghanistan qui ont également cours dans une grande partie du Pakistan. Est-il nécessaire de signaler la présence vivante et active de la langue et de la culture iraniennes en Turquie et en Irak ? Ou de faire remarquer que le persan a occupé durant plusieurs siècles le rang de la langue officielle des poètes de la cour des empereurs mogols de l'Inde (1526-1858), et que le dernier philosophe et poète éminent de l'Inde, Mohammad Iqbâl (1875-1938), a composé tous ses poèmes philosophiques et mystiques en langue persane ?

Cependant, les langues et la pensée iraniennes ne se sont pas contentées de cette expansion. De sorte qu'à partir du VIIème siècle, elles ont laissé leurs empreintes à tout ce qui est intitulé "la philosophie et la pensée islamique". Non seulement les pères des "aristotéliciens du monde islamique", Fârâbi et Avicenne, et le père des "platoniciens du monde islamique", Sohravardi, étaient iraniens, mais également le plus éminent commentateur du Coran dans l'histoire du monde musulman, Mohammad Ibn Djarir Tabari, et le plus saillant penseur sunnite, Imâm Mohammad Ghazâli, ont été originaires de ce même pays. Sans qu'il soit nécessaire de présenter une liste exhaustive et longue des penseurs de second et troisième rang d'origine iranienne, la présence vivante et active de ces cinq personnages dans tous les domaines de la pensée islamique, suffit pour élucider cette profonde influence.

C'est ainsi que, malgré notre désir intime, cette "pathologie" dépasse le cadre géographique des "langues iraniennes" et s'est, plus ou moins, transformée en "pathologie de la philosophie iranienne et islamique". Notre choix du terme "pathologie" vise à caractériser la correspondance entre la signification grecque de "pathos" et son équivalent persan "âsib chénâssi" qui indique un phénomène de trouble, de déséquilibre, d'inachèvement. Son utilité comme concept opératoire au long de toute cette synthèse est de signifier le constat permanent de la primauté de la "connaissance du coeur" (cf. Ghazâli) sur la connaissance intellectuelle. Autrement dit, il s'agit du constat de la faillite et de l'échec de la raison philosophique devant la puissance et la persistance de l'asservissement à la théologie.

Mais pourquoi ai-je choisi ce titre ? Pourquoi Aristote ? Pourquoi philosophie ? Quel rapport existe-t-il entre Aristote, Bagdad, Athènes et l'Iran ?

Né en 1945 à Téhéran, fils d'un éditeur et théologien autodidacte pour lequel la foi était plus importante que son propre fils, je fus élevé parmi les versets coraniques que j'apprenais par coeur et les discours théologiques de mon père qui traduisait, préfaçait et publiait les oeuvres des grands penseurs (maîtres) chi'ites tels que Sadough, Hilli et

Fayz Kâchâni. L'année 1960 fut l'année décisive dans ma vie. Kennedy était élu Président des Etats-Unis et le silence qui régnait sur l'Iran à partir du coup d'Etat de 1953 était rompu et les partis libéraux de l'opposition commençaient leur activité semi-clandestine. Parmi les centres d'activité de ces partis, les lycées et l'université de Téhéran.

C'est à partir de cette époque que je fus confronté aux premières questions philosophiques, sociologiques et politiques : Qu'est-ce que la puissance ? Qu'est-ce que la Révolution Scientifique ? Pourquoi y a-t-il des peuples vaincus et vainqueurs ? Qu'est-ce que la liberté ? Pourquoi le tiers-monde est plongé dans la misère intellectuelle et économique, etc. Quelques années plus tard, je découvrais des horizons nouveaux : Machiavel, Locke, Rousseau, Comte, Darwin, Marx, Freud, Spencer, Einstein, Lénine, Russel, Sartre, tandis que je n'avais pas réglé mes comptes ni avec Zoroastre, ni avec Avicenne. Chez moi, le militantisme intellectuel et le militantisme politique étaient confondus. En 1968, à l'initiative de Al-e Ahmad et de Béhâzine, l'"Association des Ecrivains Iraniens" fut créée. Elle fut considérée comme une association subversive et illégale par les courtisans du Monarque. Si je ne me trompe pas j'étais un des plus jeunes, sinon le plus jeune des membres-fondateurs de cette association. Mais j'étais toujours à la recherche des réponses aux questions philosophiques posées. Je publiai partout. Dans l'hebdomadaire libéral *Ferdoussi*, dans la revue libérale *Néguine*, dans les revues de la gauche comme *Tchâpâr* et *Sahar* dont l'éditeur était le jeune poète Golésorkhi et enfin dans la revue *Djongué Esféhân* publiée par les partisans de Sartre.

Un autre point important : malgré mon attachement à la philosophie, je ne pouvais pas me débarrasser de la littérature et de la sociologie. Chez moi, le poétique, le philosophique et le sociologique ne faisaient qu'un : de Sophocle à Stendhal, Melville, Tolstoï, Ibsen, Blake, Yeats, en passant par Marx, Nietzsche, Unamuno, Bergson, Gurvitch et Althusser sans oublier les penseurs contemporains du tiers-monde.

Pourquoi la poésie ? Peut-être parce que malgré l'exclusion des poètes de la Cité par Platon et par le Coran - "De même les poètes sont suivis par les Errants" (Le Coran, XXVI, 224) - une partie importante de la pensée islamique a été exprimée en poésie. De même, l'ayatollâh Khoméyni, contemporain, a exprimé ses pensées mystiques sous forme de poésie !

Pourquoi la poésie ? Car la poésie, les sciences occultes, l'ésotérisme, la spéculation et l'herméneutique constituent les fondements de la pensée de la plupart des sectes dans le monde islamique et en particulier dans la pensée chi'ite.

Pourquoi la poésie ? Car certains poètes ont rendu davantage de services à la philosophie que certains autres philosophes ! Je pense que probablement *Le Maître et le Serviteur* de Tolstoï est plus simple et plus profond que *Le Maître et le Valet* de Hegel. A propos de "l'Idée de la mort", *la mort d'Ivan Illitch* de Tolstoï est certainement plus perspicace que les oeuvres de la plupart des philosophes traitant ce sujet. S'agissant de la question du "Bien" et du "Mal", *Moby Dick*, l'oeuvre de Herman Melville a certainement été plus sérieuse que les oeuvres de la majorité des théologiens et des philosophes du Moyen-Age. Enfin, il semble que les oeuvres de Tolstoï, Ezra Pound et Hamsun critiquent plus finement la modernité que celles de Jünger et de Heidegger.

Et pourquoi les sciences sociales, en particulier la sociologie ? Peut-être parce que certains sociologues, à l'image de Georges Gurvitch, ont débattu plus profondément de certaines questions philosophiques relatives aux "déterminismes sociaux" et à la "liberté humaine" que de nombreux philosophes installés dans leur tour d'ivoire.

Tandis que je recherchais à travers les oeuvres philosophiques, littéraires et sociologiques, des réponses satisfaisantes aux questions philosophiques fondamentales telles que l'être, la liberté, le sens de l'histoire, le progrès, la connaissance, etc., j'ai eu progressivement le sentiment que la révélation coranique et la raison grecque étaient incompatibles, se trouvant dans des pôles opposés.

D'autre part, j'avais le sentiment qu'il devait exister une relation directe entre la défaite de la philosophie en Orient, la philosophie dans son sens grec, et la théocratie orientale (le despotisme théocratique en Chine, l'aristocratie théocratique en Inde, la monarchie théocratique en Perse et la théocratie des peuples sémites).

Ce sentiment apparu en moi au début de la décennie 1970, évolua et se transforma progressivement en certitude. Mais les preuves permettant de démontrer cette idée ne pouvaient être réunies que par le biais d'une étude comparative entre la pensée occidentale et la pensée orientale, et en particulier la pensée islamique. En d'autres termes, comprendre Avicenne et Averroès était impossible sans comprendre Aristote, Platon et Thomas d'Aquin.

Les *Chants de Zoroastre* étaient non seulement le point de départ de mes recherches en philosophie, mais aussi le titre du premier chapitre de mon premier ouvrage publié : *Le développement intellectuel et social en Iran*. J'étais conscient de l'importance de l'Avesta concernant le passage entre le mode de vie nomade et celui de la cité, c'est-à-dire le passage d'une conception archaïque du monde à la découverte d'un "principe suprême" comme disait Hegel. Mon but était de tenter de mettre à jour les faiblesses et les points forts de cet héritage.

J'ai entrepris cette étude en 1968 pour ne l'achever qu'au cours de l'année 1987 où je menais parallèlement mes travaux de thèse d'Etat en philosophie.

La problématique était fort délicate et le parcours semé de pièges. Les textes pré-islamiques avaient disparu, étaient détruits ou introuvables. Je me suis gardé avec précaution des conséquences graves des différentes distorsions, erreurs ou falsifications.

Les trois directions infructueuses et entachées d'erreurs étant :

1 - Les auteurs anciens (Hérodote, Eschyle, Xénophon, Platon, par le caractère limité et insuffisant de leur vue interprétative et par trop schématique.

2 - Les auteurs musulmans, par leur parti-pris farouchement hostile au mazdéisme.

3 - Les auteurs orientaux et occidentaux partisans et tendancieux pris au piège de la nostalgie d'une mythique supériorité de la pensée et de la race aryenne, où est enraciné le mazdéisme.

La deuxième étape de mes recherches a soulevé plusieurs questions :

- Quelle est l'origine de la dynamique de développement de la recherche spéculative et des sciences exactes dans le monde musulman entre le VIIIème et le XIIIème siècle ?

- Quel était le rôle exact joué par la présence, dans ce même espace humain, des églises nestoriennes et monophysites ?

- Comment évaluer les causes et les conséquences du mouvement de traduction de la philosophie grecque ?

- Comment spécifier et caractériser le rôle joué par l'aristocratie intellectuelle iranienne dans le Califat abbasside ?

- Comment démontrer l'imbrication de l'essor intellectuel avec la multiplication des échanges et des rapports capitalistiques précoces du monde musulman, surtout dans ses grands centres urbains ?

Au terme de ces interrogations se trouve posé le problème central de la confrontation entre les deux pôles que sont d'une part la raison grecque et de l'autre la révélation coranique.

- Pourquoi le Roi-Philosophe des penseurs musulmans rappelle-t-il plus la figure du prophète de l'Islam que celle de Périclès ?

- Peut-on parler d'aspects de similitude entre les scolastiques européens et les théosophes musulmans ?

- Pourquoi la pratique philosophique dans le sens grec avait-elle été bannie de la scène à partir du XIIIème siècle ?

La troisième étape de mes recherches est une suite logique aux deux précédentes.

Mon ambition était, à ce stade, d'essayer de démontrer que non seulement Aristote de Bagdad ne rappelait guère Aristote d'Athènes mais que Platon de Bagdad, loin de tenir de celui d'Athènes, tenait beaucoup plus de Zoroastre.

Un survol rapide de l'oeuvre de Sohravardi, le chef de file des platoniciens musulmans, révèle que malgré les recours permanents aux citations coraniques la finalité constante était de restaurer la sagesse des anciens perses et notamment la philosophie zoroastrienne.

La quatrième étape de ma recherche consiste en l'étude et l'analyse de la naissance et du déclin de la modernité dans le monde musulman des IXème et Xème siècles. J'entends par la notion de modernité l'émergence d'une critique rigoureuse de la physique et de la logique d'Aristote. Contrairement aux idées reçues, cette rupture s'est produite dans le monde musulman aux IXème et Xème siècles alors que l'Europe ne la connaîtra que vers le XVIIème siècle.

C'est Abu Rayhân Birouni qui avait osé substituer l'induction à la déduction, inaugurant par là un événement d'une extrême importance dans la destinée historique de la pensée universelle.

C'est au long de la poursuite de cette idée de naissance et de déclin de la modernité dans le monde musulman que m'est apparue l'importance de l'Ecole d'Ispahan. J'avais acquis la conviction que contrairement à l'opinion établie, l'Ecole d'Ispahan n'était pas la source de la modernité mais sa tombe et sa clôture, car malgré les apparences accréditant son rattachement à la rationalité, l'Ecole d'Ispahan était profondément ancrée dans l'intuition.

Mon ouvrage reflétant cette problématique a pris forme en 1977 avec la publication intitulée *Un dernier mouvement médiéval*, ainsi que dans un autre ouvrage : *L'âme perse et l'âme russe face aux temps modernes* et surtout dans le deuxième volume de ma thèse d'Etat en 1987.

Les objectifs recherchés à travers ce travail volumineux (800 pages) étaient ceux que je poursuivais inlassablement depuis 1970 : 1 - Démontrer (en s'appuyant sur des sources philosophiques, théologiques et mystiques islamiques de première main) que "la raison grecque" et "la révélation coranique" sont incompatibles et se trouvent dans des pôles opposés ; 2 - Prouver que la théocratie en Orient a été l'une des causes fondamentales de la défaite de la philosophie et de la démocratie en Orient.

La sixième étape constitue le point final ou la conclusion de mon étude de l'Ecole d'Ispahan. J'ai essayé dans plusieurs de mes essais, et surtout dans le premier volume de ma thèse d'Etat, de démontrer et d'établir les principales thèses et controverses en les basant sur des références textuelles de première main, sélectionnant les sources reconnues efficientes et négligeant les épaisseurs d'interprétations et les traditions des commentateurs. Ce réflexe de rigueur et d'intransigeance est motivé par ma conviction que la presque totalité de ce qui a été produit comme référant à la philosophie islamique ne correspond qu'à ce qui mérite en réalité la désignation de théodicée, de théologie ou tout au plus de théosophie.

C'est ici, c'est-à-dire à la septième étape de mes recherches, que commence l'étape la plus longue et la plus ardue de mon étude concernant la naissance et la fin de la modernité dans le monde musulman en général et en Iran en particulier.

Cette question occupe en fait une place centrale, une charpente essentielle qui fait l'unité et l'homogénéité de l'ensemble de mon travail.

L'idée d'une vision historique globale a gagné mon esprit et inspiré mes choix au contact de l'expérience philosophique de trois personnalités dont la proximité et l'écoute m'ont été d'une prodigieuse utilité. Il s'agit de Jacques Berque, François Châtelet et René Schérer.

Ces recherches à caractère philosophique, théologique et socio-historique trouvent leur cohérence dans les liens entre la défaite de la Réforme de Bâb et des Lumières (XIXe s.) et les bouleversements que l'on observe actuellement avec l'avènement d'un Etat théocratique en Iran. La finalité poursuivie était de démontrer comment la monarchie théocratique aryenne d'un côté et la philosophie prophétique chi'ite de l'autre sont à l'origine de l'échec de la modernité et la cause principale de l'avènement de la théocratie désignée sous le nom générique d'intégrisme.

La huitième partie constitue l'étape la plus longue dans le compte rendu et doit être rapportée non seulement aux travaux passés mais aussi et surtout à la maturation de cinq années d'expérience d'enseignement avec la nécessité d'ajuster les fruits d'une recherche de longue haleine et les conditions exigées par la pédagogie, la vulgarisation et la simplification inhérentes aux différents publics de l'université française.

L'Iran qui, selon Hegel, était le "berceau de l'universel", la patrie de la modernité aux IXème et Xème siècles, disparaît de la pensée philosophique. Voilà l'essentiel du propos, pour autant que l'on puisse en réduire la complexité à sa plus simple expression.

Pourquoi les philosophes musulmans ont-ils été incapables de créer un système complet ?

Et enfin, pourquoi dans la mentalité persane y a-t-il un amalgame des dimensions mythologiques, épiques, historiques, poétiques et du martyr ?

Le présent travail, regroupé en huit courts chapitres, est une synthèse de tout ce que j'ai rédigé depuis 1970 dans ce domaine. Selon mon habitude et dans la limite du possible, j'ai essayé de présenter mes idées dans un langage simple et clair.

Il est de tradition qu'un rapport de synthèse sur l'ensemble des travaux soit présenté en utilisant la première personne du singulier. Cependant, je l'ai composé en utilisant tantôt la première, tantôt la troisième. Cette recherche commence par la philosophie de Zoroastre et se termine par l'étude de la pensée islamique et chi'ite à notre époque.

I

LA GENESE DE L'UNIVERSEL

Si, comme l'affirme Hegel, la "reconnaissance de l'universel" ou la "reconnaissance d'une objectivité solide" (l'Etat, la loi, Dieu, la nature...), c'est-à-dire "la distinction entre le bien et le mal" constitue le passeport nécessaire pour s'introduire dans le monde sacré de la philosophie (1), du point de vue de ce même Hegel, les Iraniens ont été le premier peuple à avoir pénétré dans ce monde sacré :

> *"L'empire perse nous fait rentrer dans l'enchaînement de l'histoire. Les Perses sont le premier peuple historique, la Perse est le premier empire qui ait disparu. Tandis que la Chine et l'Inde demeurent à l'état statique, menant jusqu'à aujourd'hui une vie naturelle, végétative, ce pays-là est soumis aux évolutions et révolutions qui seules trahissent une condition historique. Mais en Perse, se lève d'abord la*

---

1) HEGEL : *La raison dans l'histoire*, Traduction de Kostas PAPAIOANNOU, Paris, 10/18, Plon, 1988, p. 250-251.

lumière qui resplendit, éclairant autre chose, car c'est d'abord la lumière de Zoroastre qui relève du monde de la conscience, de l'esprit, en tant que se rapportant à autre chose. (...) La lumière n'est vivifiante que si elle s'applique au différent d'elle-même, agissant sur lui et le faisant fructifier. Elle dispose de l'opposition des ténèbres, ainsi apparaît le principe de l'activité et de la vie. Le principe de l'évolution commence avec l'histoire de la Perse et c'est pourquoi celle-ci forme, en réalité, le début de l'histoire universelle ; car en histoire, l'intérêt général de l'esprit consiste à parvenir à l'infinie intériorité de la subjectivité, à la concilia-tion, en passant par l'antithèse absolue" (1).

Que le Mazdéisme ait été une "philosophie naturaliste" ou un "monothéisme imparfait", le dualisme était la principale caractéristique de la conception iranienne du monde à l'époque antique. Le mazdéisme était fondé sur une base matérielle, celle de la connaissance des lois de l'existence et de la nature. Ahurâ Mazdâ était le symbole de la "vie", de la "lumière" et du "bien", Ahriman, celui du "néant", des "ténèbres" et du "mal". Zoroastre avait découvert en particulier que le monde existentiel était régi par ses propres lois en vertu desquelles la contradiction et la lutte s'étendaient dans la nature. Le devoir de l'homme consistait à se joindre au camp de l'existence afin que la lumière remporte la victoire définitive sur les ténèbres, les anéantissant à jamais.

Selon Mohammad Iqbâl, la conception du monde de Zoroastre aboutissait, comme le platonisme, à la morale, et ce parce qu'il croyait en la victoire finale du bien sur le mal.

Tout en croyant à la lutte permanente entre l'existence et le néant, Zoroastre ne croyait pas en l'indépendance de ces

---

1) HEGEL : *La philosophie de l'histoire*, Editions J. Vrin, Paris, 1967-1970, p. 133-134.

deux forces mais les considérait comme les émanations d'un "être suprême". C'est pourquoi, M. Haug est d'avis que du point de vue religieux, Zoroastre était monothéiste, mais dualiste du point de vue philosophique. Iqbâl affirme que si nous croyons en deux forces, l'existence et le néant, réunies au sein d'un "être suprême", nous serons contraints d'accepter l'existence du mal dans l'entité divine et de considérer la lutte entre le bien et le mal comme la lutte entre Dieu et Lui-même.

La faiblesse de la conception du monde de Zoroastre était de formuler les questions de la contradiction et du dualisme d'une manière superficielle, traduisant un manque flagrant d'analyse solide. Cette faiblesse a été à l'origine de désaccords et de diversions au sein de ses adeptes, empêchant que cette conception du monde n'atteigne une étape supérieure.

Hegel, ayant consacré plusieurs pages de la *Philosophie de l'histoire* et de *la Raison dans l'histoire* à l'examen de l'Iran antique, met en valeur, mieux que quiconque, les points forts et les faiblesses de la conception du monde de l'Iran antique :

> *"Ormuzd et Ahriman constituent chez les Perses cette antithèse. Ormuzd est le souverain du règne de lumière, du bien, et Ahriman celui des ténèbres, du mal. Puis il y a aussi un principe supérieur, dont tous deux sont issus, un universel qui ne contient pas d'opposition, appelé Zérouane-Akerene, le tout illimité. Ce tout est en effet une chose complètement abstraite, il n'existe pas pour lui-même et Ormuzd et Ahriman en sont issus. On considèrent d'habitude que ce dualisme est pour l'Orient une faiblesse et assurément, en tant que (sic) l'on s'arrête aux antithèses comme si elles étaient absolues, c'est en tout cas l'entendement religieux qui les maintient. Mais l'esprit a besoin*

de la contradiction d'où il résulte que le principe du dualisme appartient au concept de l'esprit qui, comme concret, a la différence pour essence. Chez les Perses le pur est parvenu à la conscience, comme aussi l'impur, et pour que l'esprit s'appréhende lui-même, il est essentiel qu'il oppose au positif universel, le négatif particulier ; ce n'est qu'en triomphant de cette opposition que l'esprit naît une seconde fois. Le seul défaut du principe perse, c'est que l'unité de l'opposition n'est point connue sous sa forme parfaite ; car dans cette représentation indéterminée du tout non créé, dont sont issus Ormuzd et Ahriman, l'unité est tout simplement la chose première et ne ramène pas en elle-même la différence. Ormuzd crée en vertu de sa propre détermination, mais aussi sur la décision de Zérouane-Akerene...(1).

Dans les années 331-332 av. J.-C., l'Iran fut conquis par les Grecs. Bien que leur présence dura près d'un siècle laissant, ici ou là, des traces d'hellénisme, la conception iranienne du monde resta fidèle à ses méthodes anciennes, ne subissant aucune influence notable de la part de la puissante pensée hellénique. Dans tous les domaines et entre autres dans celui de la pensée, les Iraniens ont résisté aux envahisseurs. Malgré l'apparition de penseurs tels que Manès et Mazdak, la pensée iranienne resta profondément influencée par le dualisme mazdéen et cela jusqu'à la veille de l'invasion de ce pays par les Arabes au VIIème siècle.

---

1) HEGEL : *La philosophie de l'histoire*, op. cit., p. 138-139.

II

ARISTOTE D'ATHENES
OU ARISTOTE DE BAGDAD ?

Depuis le quatrième siècle av. J.-C. jusqu'à ce jour, les Occidentaux ont affirmé et répété que Platon était le philosophe des "Universaux" et Aristote celui des "Particuliers". Si cette affirmation était correcte (et elle l'est, et Raphael l'a magistralement représentée dans sa fresque "l'Ecole d'Athènes", l'index de Platon dirigé vers le ciel et celui d'Aristote vers la terre), alors ni le Platon du monde musulman ne ressemble au Platon d'Athènes, ni l'Aristote de Bagdad à celui de la Grèce.

Des siècles avant l'apparition de l'Islam, la pensée grecque était déjà répandue en des endroits qui devaient, par la suite, faire partie de l'empire islamique. Les principaux centres d'enseignement et de propagation de cette pensée étaient Alexandrie, Edessa, appelée plus tard Roha par les musulmans, Carrhae, appelée plus tard Harrân, Nasibis et Antioche, sans pour autant oublier le rôle actif de nombreuses églises nestoriennes et monophysites dans l'expansion de la culture grecque.

Le transfert des sciences grecques vers le monde musulman commença à partir du huitième siècle et se poursuivit durant près de trois cents ans. Les traductions s'effectuaient principalement du syriaque en arabe et, plus rarement, directement du grec en arabe.

Cependant la culture prépondérante à Alexandrie était plutôt une culture hellénistique qu'hellénique. La position géographique spécifique d'Alexandrie avait fait que les particularités athéniennes de la philosophie et des sciences y disparurent progressivement pour prendre un caractère cosmopolite. La pensée orientale avait pénétré dans l'université d'Alexandrie et ses penseurs étaient profondément influencés par les croyances des civilisations de la Mésopotamie et de l'Egypte. Hermès, appelé Mercure par les Romains, guide des voyageurs, patron des commerçants et messager des dieux dans la mythologie grecque, fut si intimement associé à Thot (dieu d'érudition), qu'il fut dissout, dans son voyage en Egypte, dans le dieu égyptien, perdant tout souvenir d'Athènes.

La philosophie d'Aristote était enseignée en Alexandrie. C'est à partir de cette ville qu'elle se répandit parmi les musulmans, mais ce n'était plus la même philosophie que celle enseignée à Athènes. En effet, elle était enseignée à Alexandrie par des philosophes et des commentateurs qui avaient eux-mêmes des tendances néoplatoniciennes. Porphyrios de Tyros, Nicolas Damaskenos, Probus, Ioannes Philoponus, Alexandros d'Aphrodisias et le père du néoplatonisme, Ammonius Saccas, dominaient sans partage sur la pensée d'Alexandrie.

"Et le dernier et non le moindre". Dans la traduction des oeuvres grecques, non seulement on constatait des erreurs impardonnables mais l'ignorance de certains traducteurs faisait que les oeuvres d'un auteur étaient attribuées à un autre. Les chapitres quatre, cinq et six de l'ouvrage *Les Ennéades* de Plotin, furent traduits en arabe sous le titre de *Theologia* et attribués à Aristote. *De Causis*, oeuvre de Proclus, de tendance néoplatonicienne, eut le même destin.

L'ensemble de ces facteurs a entraîné, dès le début, la pensée irano-islamique vers des sentiers battus, confondant philosophie, théologie et mysticisme. Non seulement les aristotéliciens du monde islamique avaient uni Aristote, Plotin et Platon, auxquels ils avaient ajouté la philosophie prophétique et l'imamologie pour créer une pensée particulière (dont Fârâbi est le meilleur exemple), mais ils avaient ajouté également les platoniciens du monde islamique (tel que Sohravardi) ne cachaient pas leur attachement à l'égard d'Aristote.

Plus difficile encore était de concilier la philosophie grecque avec les préceptes et enseignements coraniques. Mais ni les traducteurs, ni les penseurs musulmans ne semblaient connaître le mot "impossible", s'efforçant inlassablement de rendre possible l'impossible.

Le Coran attribue à Dieu 99 noms et attributs. Toute pensée devrait correspondre précisément à ces noms et attributs. Ce Dieu est "le Premier" et "le Dernier". Il est "l'Apparent" et "le Caché". Il est "Omniscient" (Coran, Sourate 57, verset 3). Il est "Unique" (S 112, V 1). Il est "Créateur" des cieux et de la terre (S 2, V 117). Il est "le Formateur", "le Novateur" (S 59, V 24). Il est "le Sage" (S 6, V 18). Il est "Omniscient" (S 2, V 29). Il est "le Seul" (S 112, V 2). Il est "l'Auguste", "l'Immense" (S 2, V 255). Il est "le Puissant", "l'Omnipotent" (S 17, V 99). "Il fait revivre" (S 30, V 50). "Il fait mourir" (S 15, V 23).

Par ailleurs, Dieu, dans le Coran, n'aurait rien oublié. Cela signifie qu'après le Coran, rien ne constitue une nouveauté car le Livre l'aurait précédemment, convenablement et parfaitement relaté : "Nous n'avons rien omis dans l'Ecrit [le Coran]" (S 6, V 38).

La première difficulté consistait à confronter "la raison grecque" et "la révélation sémite" ou "la révélation coranique". En matière de "connaissance", la raison grecque ne reconnaissait pas la révélation, tandis que la révélation sémite ou la révélation coranique se considéraient comme le stade suprême de la connaissance.

Il est vrai que le Coran fait référence à l'empirisme ou au sensualisme et demande à l'homme d'expérimenter cette voie : "Considérez ce qui est dans les cieux et sur la terre" (S 10, V 101).

Il est vrai que le terme "aghl" (intellect) et ses dérivés ont été répétés à 48 reprises dans le Coran : "Nous les avons envoyés avec les Preuves et les Ecritures alors que nous avons fait descendre vers Toi l'Edification pour que tu montres aux Hommes ce qu'on a fait descendre vers eux. Peut-être réfléchiront-ils" (S 16, V 44).

Il est vrai que cette phrase exacerbée, "Eh quoi ! ne raisonnez-vous pas ?", est répétée 13 fois dans le Coran (S 2, V 44).

Mais il est également vrai que le dernier mot revient à la révélation ou à la "connaissance du coeur" qui prime sur le sensualisme et l'empirisme. En effet, là où le Coran parle de révélation, il ne fait aucune allusion à l'intellect, mais se réfère uniquement au coeur du Prophète : "Par l'Etoile quand elle s'abîme ! Votre contribule n'est pas égaré ! Il n'erre point. Il ne parle pas par propre impulsion. C'est seulement là une Révélation qui lui a été transmise, que lui a enseignée un [Ange] redoutable, fort et doué de sagacité. [Cet Ange] se tint en majesté alors qu'il était à l'horizon supérieur. Puis il s'approcha et demeura suspendu et fut à deux arcs au moins. Il révéla alors à son Serviteur ce qu'il révéla. Son imagination n'a pas abusé sa vue" (S 53, V 1-11). Ces propos ont été également tenus sous des formes différentes dans les versets 18-25 de la sourate 81.

Dostoïevski a mieux saisi ce concept que certains philosophes récemment convertis à l'Islam (à l'exemple de Roger Garaudy), dans un des derniers chapitres des *Démons*, intitulé "La voyageuse" et à travers une longue, ardente et émouvante discussion entre Kirilov et Chatov sur "la révélation", "l'épilepsie", et "l'expérience mystique" :

> *"Il y a des instants, ils durent cinq ou six secondes, quand vous entendez soudain la présence de l'harmonie éternelle, vous l'avez*

atteinte. Ce n'est pas terrestre : je ne veux pas dire que ce soit une chose céleste, mais que l'homme sous son aspect terrestre est incapable de la supporter. Il doit se transformer physiquement ou mourir. C'est un sentiment clair, indiscutable, absolu. Vous saisissez tout à coup la nature entière et vous dites : Oui, c'est bien comme ça, c'est vrai... Rappelez-vous la cruche de Mahomet, qui n'avait pas eu le temps de se vider tandis que Mahomet faisait à cheval le tour du Paradis" (1).

C'est ainsi qu'Avicenne, le père des aristotéliciens du monde islamique, commente certains versets du Coran (2). Ou dans le chapitre de la "Connaissance", et à travers ses principales oeuvres telles que "Nidjât", "Chifâ" et "Ichârât", après avoir décrit les différentes sortes de connaissance intellectuelle, sensuelle, etc., il qualifie la "connaissance du coeur" ou "la révélation" comme la connaissance suprême et la plus noble (3).

Même Averroès, cet infatigable aristotélicien qui consacra toute sa vie à concilier et unir "la raison grecque" et "la révélation coranique", finit, en dernier ressort, par s'agenouiller face à la parole divine : *"... Il y a dans la loi divine des passages ayant un sens extérieur qu'il n'est pas permis d'interpréter, dont l'interprétation, s'il s'agit des principes fondamentaux, est infidélité, et, s'il s'agit de ce qui est subordonné aux principes, hérésie..."* (4).

De son côté, Mollâ Sadrâ a interprété non seulement *Kâfi* (l'oeuvre la plus crédible du point de vue des chi'ites

---

1) DOSTOIEVSKI : *Les Démons*, traduction par Pierre Pascal. Editions Gallimard, Paris, 1955, p. 619-620.
2) AVICENNE : *Commentaire de Surate Towhid* (Surate 112). Traduction persane de Z. Dorri. Téhéran, Editions Khayyâm, 1947.
3) AVICENNE : *Chifâ* (La physique). Livre V/Chapitre VI. Téhéran, p. 361.
- AVICENNE : *Nidjâte*. Caire, p. 274.
- AVICENNE : *Ichârâte*. Téhéran, 1937, Chapitres IX-X.
4) AVERROES : *L'Accord de la religion et de la philosophie*. Traduit de l'arabe par Léon Gautier; Editions Sindbad, Paris, 1988, p. 34-35.

portant sur la tradition du Prophète et des Imâms), mais s'est senti tenu de commenter plusieurs dizaines des sourates du Coran (1).

Aujourd'hui encore, certains intellectuels musulmans s'efforcent de prouver que l'"intellect agent" d'Aristote et la "révélation coranique" ne font en réalité qu'un. Serait-il nécessaire de faire remarquer que de tels propos ne sont que la répétition de ceux tenus par Fârâbi il y a déjà mille ans !? (2)

Non seulement "la raison grecque" et "la révélation islamique" n'avaient aucun point commun, mais Allah ne ressemble nullement aux croyances des philosophes grecs. Démiurge, ou le dieu de Platon, était "artisan" et non "Créateur". Autrement dit, Démiurge est "géomètre". Le dieu d'Aristote est "le moteur immobile". Bien qu'il ressemble apparemment au Dieu du Coran, il existe cependant dans la métaphysique d'Aristote, 47 et parfois 55 "moteurs immobiles", ce qui est étranger au Dieu "unique" de l'Islam (3).

C'est ainsi que depuis l'époque de Fârâbi jusqu'à celle de Sabzévâri, c'est-à-dire du IXème au XIXème siècle, le

---

1) Mollâ Sadrâ : *Commentaires coraniques*. Téhéran, Editions Mowlâ.
2) En guise d'exemple, signalons le discours de M.M. Foulâdvand pendant le Congrès de "Fârâbi" intitulé "Identité de l'intellect agent d'Aristote avec la révélation". Ce congrès eut lieu à l'Université de Téhéran qui publia également son memorandum. Il est intéressant de rappeler que durant plusieurs décennies Foulâdvand occupait le poste de professeur de langue et de littérature française à l'Université de Téhéran et que par conséquent il avait à sa disposition les oeuvres d'Aristote en français. On est donc à même de se demander pourquoi au lieu de se référer aux textes français ou grecs, corrects, il s'est contenté des traductions peu fiables des IXe et Xe siècles, pour conclure l'identification de l'"intellect agent" d'Aristote et "la révélation" !
3) ARISTOTE : *Métaphysique*. Traduction par J. Tricot. Librairie philosophique J. Vrin. Paris. Livre XII/1074a.
La seule traduction valable et correcte existante de la *Métaphysique* d'Aristote parmi les musulmans est une traduction réalisée récemment à partir du texte grec : Aristote : *Métaphysique*. Traduction de Charf al din Khorâsâni, Téhéran, Editions Goftâr, 1987. p. 405-406.

chapitre de "la Création du Monde" et "de la contingence et de la préexistence du monde", a constitué le principal chapitre et la colonne vertébrale de la pensée islamique en général, et de la pensée chi'ite en particulier. Cette discussion reste ouverte et le sera toujours.

Fârâbi, qui avait rédigé plusieurs ouvrages portant sur la description et l'interprétation de la logique et de la métaphysique d'Aristote, ne put résister à l'attrait de Platon. Au début, il croyait que leur différence se limitait à la méthode et à des termes ou des expressions différents. Or, lorsque, plus tard, il se rendit compte de l'ampleur de leurs divergences, il s'efforça de les concilier. Le résultat de ses efforts fut quelques ouvrages. Mais l'initiative de Fârâbi n'était pas récente. En effet, plusieurs siècles auparavant, certains philosophes d'Alexandrie, de tendance néoplatonicienne, avaient interprété Aristote selon leur point de vue néoplatonicien (1).

Imitant Aristote, Fârâbi était d'avis que le monde est "préexistant". Cependant, pour ne pas dépasser le cadre des prescriptions coraniques, il s'efforça de trouver une voie intermédiaire entre l'opinion d'Aristote et la question de la création du monde telle qu'elle a été relatée dans le Coran. C'est pourquoi Fârâbi s'efforçait d'expliquer par la méthode rationnelle les concepts d'émanation et de théophanie.

Pour Fârâbi, l'"intellect" est "la création" de Dieu, mais il ajoute que cette création ne s'est pas réalisée dans "le temps". Pour considérer Dieu comme "Un", il fait appel aux opinions d'Aristote relatives à l'intellect et à sa classification, sans pouvoir résoudre convenablement la

---

1) A propos du rapprochement de la pensée d'Aristote avec celle de Platon, et même de leur identification, il existe quelques oeuvres importantes :
- Léon ROBIN : *La pensée grecque*, Paris, 1923.
- Léon ROBIN : *Aristote*, P.U.F., Paris, 1944.
- Octave HAMELIN : *Le système d'Aristote*, Paris, 1931.
- Octave HAMELIN : *La théorie de l'intellect d'après Aristote et ses commentateurs*, Paris, 1953.
- Dâvoudi, Ali Morâd : *L'intellect dans la philosophie d'Aristote, depuis Aristote jusqu'à Avicenne*, Téhéran, Editions Dehkhodâ, 1970.

difficulté qui consistait à expliquer comment la "matière" provient de l'intellect immatériel.

Une autre contradiction dans l'opinion de Fârâbi puise ses racines dans son errance entre Platon et le Prophète de l'Islam et les Imâms chi'ites. Autrement dit, dans cette partie de ses opinions qui englobe ses principales oeuvres en matière de philosophie, théologie et politique, Fârâbi a réuni Platon, Plotin, le Prophète de l'Islam et les Imâms chi'ites, excluant totalement Aristote.

L'image qu'il fournit du "philosophe-roi" dans ses oeuvres, correspond au visage de Platon vêtu en Prophète de l'Islam ou en des Imâms chi'ites. En effet, son "philosophe-roi" est simultanément prophète, imâm et philosophe. Autrement dit, le "philosophe-roi" est un homme qui a atteint l'étape suprême de l'acquisition de toutes les connaissances, ayant dépassé le stade de "l'intellect acquis" pour atteindre celui de "l'intellect agent". C'est à ce point que Fârâbi ouvre un petit orifice vers Aristote affirmant que son "intellect agent" n'est autre que la révélation coranique. Alors Fârâbi quitte Platon, car non seulement le "philosophe-roi" de ce dernier n'a aucun rapport avec "la révélation", mais, en outre, pour atteindre ce rang, il devrait même s'éloigner des "intelligibles".

Autrement dit, c'est à ce niveau qu'entre "la philosophie prophétique chi'ite" et Platon, Fârâbi opte pour le premier, car son "philosophe-roi", outre les caractéristiques citées par Platon, c'est-à-dire l'amour de la connaissance, de la beauté, de la vérité, de la justice et du courage (1), est doté d'un autre attribut, l'"impeccabilité", étranger à Platon. Le "philosophe-roi" de Fârâbi est en même temps "immaculé" et prophète (2).

---

1) PLATON : *La République*. Editions GF-Flammarion, Paris, 1966. Livre VI/484-486. P. 242-244.
2) Fârâbi : *Madineh Fâdila* (La Cité Vertueuse). Traduction persane de S. Dj. Sadjjâdi. Téhéran, Editions Tahouri, 1982, p. 271-277.
- Fârâbi : *La politique civique*. Traduction Persane de S. Dj. Sadjjâdi. Téhéran, Académie Impériale de Philosophie, 1979, p. 155-156.

La question est claire. Pourquoi alors Henri Corbin insiste-t-il sur le fait que le "philosophe-roi" de Fârâbi est le représentant des "saints des derniers jours" ? (1) Pourquoi Corbin affirme-t-il que le "philosophe-roi" de Fârâbi n'est pas le Prophète et les Imâms, car Fârâbi était éloigné de la politique et de la société et les détestait ? Pourquoi Corbin fait-il consciemment allusion aux "saints des derniers jours" et non pas au "Saint du dernier jour" qui n'est autre que le douzième Imâm chi'ite ? La cause n'est-elle pas la haine qu'entretenait Corbin à l'égard de la "réalité", c'est-à-dire de la société, de l'histoire et de la politique, cherchant toute sa vie à reconstituer le "mundus imaginalis", croyant profondément à un monde entre ce monde terrestre et l'au-delà ? Corbin ne savait-il pas que l'être humain, selon Aristote, n'est pas uniquement un "animal parlant" mais aussi un "animal politique" ? Ou, pour les raisons précédemment citées, ne voulait-il pas accepter que dans la philosophie prophétique chi'ite, l'Imâm ou l'immaculé ne soit pas uniquement un dirigeant religieux, mais également un dirigeant politique ? Lui qui, durant toute sa vie, avait étudié la pensée iranienne et islamique, ne s'était-il jamais rendu compte de cette vérité flagrante ? (2)

Avicenne, éminent aristotélicien, ressemblait de ce point de vue à son maître Fârâbi. Les chapitres de la "logique" et de l'"anima" de ses oeuvres ressemblent à ceux d'Aristote et de ses commentateurs tels que Alexandros d'Aphrodisias et Themistios. Son ontologie peut de même être considérée comme une forme d'existentialisme.

---

1) Henry CORBIN : *Histoire de la philosophie islamique.* Editions Gallimard, Paris, V/2.
2) Que les amis proches de Corbin, qui l'imitent, tel que S.H. Nasr, ne disent et n'écrivent plus que l'Islam n'est pas la religion de la politique et de la violence ! On n'attend pas de tels propos de la part de Nasr, longtemps directeur général de l'Académie Impériale de Philosophie, un des proches du Chah, et partisan acharné de "l'Islam modéré". Corbin et Nasr auraient-ils oublié que parmi les quatre premiers califes de l'Islam ("les califes bien guidés"), trois d'entre eux furent sauvagement assassinés, et parmi cela Imâm Ali, gendre et cousin du Prophète ? Comment peut-on appeler cela si ce n'est de la politique et de la violence ?

Plus Avicenne prenait de l'âge, plus il s'éloignait d'Aristote, se rapprochant de Platon, de Plotin et de la mystique. Ses contes allégoriques et son ouvrage *La logique des Orientaux*, rédigé vers la fin de sa vie, en sont des preuves. De cet ouvrage, nous ne possédons aujourd'hui que l'introduction. Même dans cette introduction, Avicenne renie ses oeuvres datant de son époque aristotélicienne telles que *Chifâ* et *Nidjât* affirmant qu'elles étaient superficielles, rédigées à l'attention du commun des mortels, tandis que les contes allégoriques et *La logique des Orientaux* visaient les élites, que l'"Orient" est la "lumière absolue" et l'"Occident", le "monde de l'ombre et de la matière".

Les quatre derniers chapitres de *Ichârât*, dernier ouvrage rédigé par Avicenne, ne relève pas de la philosophie, mais de la pure mystique où il a préféré le langage ésotérique et hermétique au langage aristotélicien.

Le message d'Avicenne, vers la fin de sa vie, est clairement explicité à travers ses contes allégoriques, dans *La logique des Orientaux*, et dans *Ichârât*. Dans ce monde, siège de la matière et des ténèbres, l'âme humaine est emprisonnée dans une cage, désirant retourner à ses origines, le monde de la lumière. Mais pour sortir du monde occidental (matière et ténèbres) et atteindre le monde oriental (le monde de la lumière), l'âme a besoin d'un "guide". L'allégorie de l'âme et de la cage d'Avicenne ne nous rappelle-t-elle pas la contradiction entre la matière et l'âme chez Platon et l'emprisonnement de l'âme dans la cage et son désir de retour vers le monde de l'"Idée" ? L'allégorie du "guide" ne nous conduit-elle pas vers "la philosophie prophétique chi'ite" ?

Dans la lutte inégale entre "la raison grecque" et "la révélation coranique", "la raison grecque" partait perdante sans le savoir !

III

PLATON OU ZOROASTRE ?

Sohravardi (XIIème siècle) est surnommé dirigeant des platoniciens du monde islamique. Mais si l'attribution du qualificatif "aristotélicien" (dans son sens grec ou athénien) à Fârâbi, Avicenne et Averroès, est difficile, elle est encore plus délicate lorsqu'il s'agit de Sohravardi..

Sohravardi avait nommé sa philosophie : "la philosophie de la lumière" "lumière" signifiant le scintillement, le lever du soleil. Les peuples latins l'ont nommée "aurora consurgens". Cependant, cette pensée n'est pas de la pure philosophie platonicienne. C'est une philosophie éclectique réunissant des idées de Platon, d'Aristote, des néoplatoniciens, de Zoroastre, de Hermès, de Thot et des premiers soufis musulmans.

L'école de Sohravardi est et n'est pas une philosophie. Elle est et elle n'est pas de la mystique. Elle est et elle n'est pas la philosophie de Zoroastre.

Elle est une philosophie parce qu'elle croit à l'intellect, sans pour autant le considérer comme le seul moyen de connaissance. Elle est de la mystique car pour elle l'intuition constitue l'étape suprême de la connaissance. Autrement dit, du point de vue de Sohravardi, la connaissance est basée aussi bien sur l'intellect que sur l'intuition.

C'est la philosophie de Zoroastre car son objectif non déclaré est de ressusciter cette philosophie. En même temps, ici ou là, elle commente et justifie la conception du monde de Zoroastre à travers tel ou tel verset du Coran. Il est étonnant de constater que tout en considérant les pensées de Hallâj, de Ghazâli, de Platon, de Plotin, de Pythagore et de Hermès comme sources de ses idées, cette pensée considère que pour saisir "la Philosophie de la Lumière", il faudrait passer par Aristote !

Cependant, elle qualifie la logique d'Aristote de "jonglerie avec des mots" et s'attaque farouchement à Avicenne, tout en défendant les "universaux" et l'"Idée" de Platon. Elle critique l'ontologie d'Avicenne parce qu'il affirme que dans "l'être", "être" est un fait "intrinsèque", tandis que la "substance" est "extrinsèque", et que pour se réaliser, il a besoin d'"être". Tandis que selon "la Philosophie de la lumière", la "substance" est un fait "intrinsèque" et "être", "extrinsèque".

Elle critique également Aristote et sa théorie relative à la "matière" et à la "forme", la considérant comme enfantine. Elle croit qu'il n'existe dans le monde ni matière, ni forme, mais une hiérarchie de "lumière" et de "ténèbres". Elle affirme que l'aspect matériel des choses est dû à un rideau de ténèbres qui couvre leur surface et empêche la pénétration de la lumière.

Il a appelé son ontologie "la lumière des lumières". Les diverses réalités observées dans le monde matériel ne sont autres que la lumière, mais diffèrent suivant la quantité de lumière qu'elles contiennent. La vérité, qui n'est autre que la lumière, n'a pas besoin de "définition", car il est de tradition de définir l'obscurité par rapport à la lumière. Il est évident qu'il n'existe rien de plus scintillant et de plus évident que la lumière. C'est pourquoi on ne peut pas définir la lumière à l'aide ou par rapport à d'autres choses. Car tous les objets sont détectés par la lumière et doivent donc se définir par rapport à celle-ci.

"La lumière absolue" ou "la lumière des lumières" est la vérité divine dont le scintillement éblouit les yeux. Elle est "l'être absolu", auquel tous les êtres doivent leur existence. Le monde existentiel est une hiérarchie de lumière et d'obscurité. C'est pourquoi la hiérarchie des êtres dépend de leur proximité à "la lumière des lumières", c'est-à-dire à la quantité de lumière qu'ils reçoivent de "la lumière des lumières" (degré de luisance) (1).

Avec un tel amalgame de Platon, d'Aristote, de Zoroastre, de Hermès, de Pythagore, de la mythologie de l'Iran antique et du Coran, nommé le platonisme islamique, il n'est pas étonnant de constater que Mir Dâmâd, éminent philosophe d'Ispahan, affirmât, cinq siècles après la mort de Sohravardi, que tout en étant partisan d'Aristote, il soutenait les opinions de Platon relatives aux "universaux" et à l'"Idée" !

---

1) L'ensemble des oeuvres en langue persane de Sohravardi a été réalisé par Seyed Hossein Nasr, et Henri Corbin a également traduit en français *la philosophie de la lumière* de Sohravardi.

IV

LONGTEMPS AVANT GALILEE

"Pourquoi Aristote a-t-il affirmé que la sphère n'est ni lourde, ni légère ?" "Pourquoi Aristote a-t-il déclaré que la sphère ou le ciel n'acceptent pas la corruption ?" Ne nous y trompons pas. Nous ne sommes pas en 1610 et ces propos ne sont pas ceux de Galilée.

Il est de tradition d'attribuer à l'année 1610, l'année du "Messager des Etoiles", la naissance de "l'ère nouvelle" et de la "révolution scientifique". Sans doute ce fut Galilée qui, en 1623, affirma au "Saggiatore" que le langage dans lequel était écrit le livre de la nature était le "lingua matematica" (1).

---

1) GALILEE : *L'Essayeur* (Saggiatore). Traduction de Christiane Chauviré. Paris, les Belles Lettres, 1979, p. 141.
- GALILEE : *Le Messager des étoiles.* Traduit du latin par Fernand Hallyn. Paris, Editions de Seuil, 1992.
- GALILEE : *Dialogue sur les deux grands systèmes du monde.* Traduction de René Fréreux. Paris, Seuil, 1992.
- William SHEA : *La révolution galiléenne*, Paris, Seuil, 1992.
- Ludovico GEYMONAT : *Galilée*. Paris, Seuil, 1992.

Husserl, passionné de Platon, de l'intuitionnisme, de l'essentialisme et du spiritualisme, détestant l'ère nouvelle, Auguste Comte et les sciences, s'insurge contre Galilée. En effet, il est d'avis que le positivisme est synonyme d'objectivisme lequel est commencé avec "la mathématisation de la nature" dont le père spirituel et matériel a été Galilée (1). La colère de Husserl est compréhensible car la mathématisation de la nature signifiait la négation de la philosophie, en particulier de la philosophie aristotélicienne qui, à partir du quatrième siècle av. J.-C. jusqu'au dix-septième siècle, avait étendu sa tyrannie sur le monde de la pensée. Le courage de Galilée résidait dans le fait qu'il substitua l'induction à la déduction aristotélicienne. Mais, en réalité, l'histoire de la critique des opinions d'Aristote avait commencé quelques siècles avant Galilée.

Les deux interrogations apportées au début de ce chapitre faisaient partie d'une liste de 16 questions formulées par Abu Rayhân Birouni, mathématicien, physicien, philosophe et linguiste éminent, vers la fin du dixième siècle (probablement en 997 chrétien/387 de l'hégire), et envoyées au jeune philosophe aristotélicien, Avicenne, auquel il avait demandé d'apporter des réponses (2). Ces questions constituaient, en réalité, une critique sévère de la pensée d'Aristote et en particulier de ses opinions dans l'ouvrage *le Ciel et le Monde*.

---

1) HUSSERL : *La crise des sciences européennes et la phénoménologie transcendantale*. Paris Gallimard, 1976-1989, pp. 12-15, 27, 33, 44-45, 57-58, 61-62, 72-73, 309-324, 377-378.
2) Durant la seconde moitié du XIXe siècle, à la demande de Etézâd al Saltaneh, ministre de la Culture du gouvernement iranien, quelques savants eurent pour mission de rédiger un ouvrage intitulé *Lettre des Savants*. L'un d'eux était Abolfadl Sâvodji qui traduisit ces dix-huit questions de Birouni et les réponses d'Avicenne d'arabe en persan et les inclut dans cet ouvrage. La dernière édition de cet ouvrage a eu lieu à Qom : Mirzâ Abolfadl Sâvodji : *Lettre des Savants*. Qom, 1959, Premier volume.
Birouni parle lui-même à ce propos et fait allusion à Avicenne en tant que "jeune savant" : ABOU RAYHAN BIROUNI : *Assâr al Bâghia*. Leipzig, 1878, p. 257.

L'importance ou plus exactement la révolution scientifique et philosophique de Zakariâ Mohammad Râzi (appelé Rhazès par les Occidentaux), vivant longtemps avant Birouni, et de Birouni lui-même, résidait dans le fait qu'ils étaient les premiers dans l'histoire de la pensée mondiale à s'être attaqués par une méthode précise à la forteresse de la pensée d'Aristote. Malheureusement, les tendances "eurocentristes" de Husserl l'avaient empêché de se tourner vers l'Orient et de s'y référer avec moins de mépris (1).

Le long séjour de Birouni en Inde, sa domination sur la langue sanscrite et ses études profondes concernant l'astronomie de l'Inde, de Babylone et de l'Iran antique l'avaient conduit à ce résultat que la terre ne se trouvait pas au centre de la galaxie. En Inde, il s'était entretenu avec des astronomes et des mathématiciens qui, sur la base des résultats de calculs mathématiques précis, étaient profondément persuadés que c'était la terre qui tournait autour du soleil et non le contraire (2).

Hegel considérait que Schlegel (directeur de la revue *Athénäum*, organe des romantiques allemands) et Schelling avaient commis une erreur impardonnable. En effet, ils avaient déclaré sincèrement et honnêtement que la sagesse et les sciences des Indiens se trouvaient au stade le plus avancé possible. Hegel qui, comme son successeur Husserl, était enclin à "l'eurocentrisme" et ne pouvait supporter de telles opinions, perdit son sang froid et attaqua aussi bien les Indiens que ses propres compatriotes. Tout en qualifiant de superficiel le savoir de Schling et de Schlegel, il affirma que les soi-disant mathématiques et astronomie indiennes étaient "parfaitement misérables" (3).

Il est intéressant de constater que ce même Hegel dans une autre de ses oeuvres, là où il fait allusion à l'astronomie

---

1) HUSSERL : *La crise des sciences européennes et...*, pp. 352-359.
2) ABOU RAYHAN BIROUNI : *Fi Tahghigh mal al Hende*. Leipzig, 1925, p. 138-140.
3) HEGEL : *La raison dans l'histoire*. Chapitre III/2 (Le début de l'histoire. Critique du Primitivisme romantique, p. 187-191) et Chapitre IV/3a (L'Afrique, p. 252).

des Indiens et que ses paroles sont moins méprisantes, parle de Birouni et des autres en les qualifiant de "savants musulmans" qui avaient accompagné Mahmoud de Gazna dans son voyage en Inde (1).

Cependant, pourquoi vers la fin de sa vie, Birouni revint-il sur son idée relative au "centralisme du soleil" et, comme Galilée, ne déclara-t-il pas implicitement : "Et pourtant, elle tourne" !? La répression aux neuvième et dixième siècles était-elle plus féroce ? Ou la différence entre "l'âme orientale" et "l'âme occidentale" réside-t-elle à ce niveau ? La différence entre Bruno et Galilée d'une part et Birouni d'autre part serait-elle la différence entre la "soumission" et la "révolte" ? Ou aurait-il existé d'autres facteurs ?

Le courage de Râzi quant à la critique des opinions d'Aristote a été beaucoup plus audacieux que celui de Birouni. La particularité de Râzi qui avait vécu longtemps avant Birouni (864-925 ou 932/250-313 ou 320 de l'hégire) résidait dans le fait qu'il avait fondé sa philosophie non pas sur les deux cultures dominantes de l'époque c'est-à-dire les cultures grecque et islamique, mais sur les philosophies iranienne, babylonienne et indienne. Autrement dit, si nous sommes à la recherche d'un penseur "authentique" dans l'histoire du monde islamique, nous le trouverons en la personne de Zakariâ Râzi qui ne croyait ni dans la philosophie grecque ni dans les prescriptions coraniques. Il a été le seul penseur "authentique" (authentique dans le sens véritable du terme, c'est-à-dire indépendant) dans les quinze siècles de l'histoire du monde islamique. C'est pourquoi Râzi et ses semblables ont été qualifiés de "dahri", "dahr" ou "ayôn" ou "le temps absolu" faisaient partie des croyances philosophiques de l'Iran antique. De même ils ont été qualifiés de "naturalistes", car comme les "physiciens" de la Grèce antique, ils croyaient dans "ex nihilo nihil fit". Nous comprendrons encore mieux les raisons des critiques formulées par Râzi à l'encontre de la pensée d'Aristote si à sa qualité de philosophe nous ajoutons également les qualités

---

1) HEGEL : *Philosophie de l'histoire* (Le monde oriental, deuxième section, l'Inde), p. 125.

de médecin et d'alchimiste. La plus importante question philosophique formulée par Râzi était la suivante : Si Dieu est le Créateur du monde, pourquoi ne l'a-t-il pas créé avant sa création ? Autrement dit, si "l'émanation" et "la théophanie" qui font partie intégrante de "la justice divine" ont une réalité et si Dieu n'a jamais été dépourvu de ces qualités, pourquoi alors lorsque l'univers n'existait pas, Dieu n'a-t-il pas voulu le créer ? Il a existé et existe donc des moments où Dieu est dépourvu de ces qualités ! En outre, Râzi préfère Euclide et Hippocrate à tous les prophètes. Partisan inconditionnel de l'"intellect", Râzi ne reconnaissait pas la révélation et la prophétie, affirmant que du point de vue l'aptitude et l'intelligence, les hommes étaient créés égaux et qu'il n'y avait aucune raison qu'un homme (prophète) soit, de ce point de vue, supérieur aux autres.

La métaphysique de Râzi comporte cinq principes, tous "préexistants" (la colère des musulmans provient de ces convictions de Râzi). Ces cinq principes sont : le Démiurge, l'âme universelle, materia prima, le lieu absolu ou le vide, le temps absolu ou ayôn. Comme les penseurs de l'Iran antique et leur croyance dans l'"ayôn" (zurvân akarana dans l'Avesta), Râzi fait une distinction entre "le temps absolu" et "le temps limité", de même que Proclus distingue "le temps séparé" et "le temps non séparé".

Selon Râzi, parmi ces cinq principes, "le Démiurge" et "l'âme universelle" sont "vivants" et "actifs". Le "materia prima" est passif et tous les corps en proviennent. "Le vide" et "l'ayôn" ne sont ni actifs, ni passifs. Bref, tout dans le monde provient d'une autre chose et il est impossible que l'univers provienne du néant. Il est donc indispensable que la matière soit "préexistante" afin de donner naissance aux choses ; et parce que la matière a besoin de "lieu", "le lieu" est également "préexistant".

La question relative à la différence entre Birouni et Galilée fait penser à celle qui existerait entre "l'âme orientale" et "l'âme occidentale". Huit siècles séparent Râzi de Galilée. Si, en Europe, Galilée et d'autres savants et philosophes se trouvaient dans un même front contre "l'Inquisition", autrement dit si la société était divisée en deux pôles, dans l'Orient islamique la situation était beaucoup plus complexe pour qu'on puisse parler de deux pôles. Que Imâm Fakhr Râzi, théologien et commentateur du Coran (XIIème siècle), se rappelle avec répugnance de Zakariâ Râzi est naturel. Ce qui importe du point de vue historique, et qui est incompréhensible, ce sont les attaques des aristotéliciens et des ismaélites, c'est-à-dire les rationalistes du monde islamique contre des penseurs comme Birouni et Râzi. Il semblerait que l'existence de personnalités comme Râzi et Birouni, comme dans le cas de la civilisation urbaine majestueuse du monde islamique entre le huitième et le treizième siècles, étaient si précoces que même Avicenne et d'autres érudits avaient perdu leur sang froid et leur équité scientifique pour s'en prendre à eux avec colère et répugnance.

Les réponses d'Avicenne à Birouni, c'est-à-dire à ses critiques justifiées à l'égard d'Aristote ont été si présomptueuses, hostiles et insultantes qu'elles étonnent le lecteur moderne. Le rejet des oeuvres de Zakariâ Râzi était une des préoccupations quotidiennes des penseurs du monde musulman. En réponse à la seconde question de Birouni, Avicenne a qualifié Râzi de "mêle-tout". Maimonide le qualifie de "malade atteint de délire". Nasser Khosrow, éminent penseur et poète ismaélite le dit "capricieux, ignorant, négligeant et insolent" (1). Enfin, Abou Hâtam Râzi, un autre penseur ismaélite, lui a donné le surnom de "hérétique". Quelle réaction peut-on espérer de la part du "tribunal d'Inquisition" alors que les philosophes rationalistes et aristotéliciens réservent un tel jugement à l'égard d'autres philosophes ?

La révolution scientifique et philosophique commencée dans le monde islamique à partir du neuvième siècle était dès ses débuts vouée à la mort. Comme Phénix, ce feu était, semble-t-il, destiné à renaître de ses propres

---

1) NASSER KHOSROW : *Djami'al Hikmateyn*. Téhéran, Institut Français, 1953.
- NASSER KHOSROW : *Zâd al-Mossâferin*. Téhéran, éditions Ibn Sinâ, 1959.

cendres en un lieu et un temps différents, au dix-septième siècle, en Pologne et en Italie pour illuminer le monde. Ce fut une nouvelle page du livre volumineux de l'histoire du monde, ou, comme l'affirme Hegel, peut-être, "une ruse de l'histoire" (1).

---

1) A propos de Râzi, on peut se contenter de ses principales oeuvres philosophiques :
MOHAMMAD ZAKARIA RAZI : *Rassâïleh Falsafiya* (oeuvres philosophiques). Editions Paul Kraus, Téhéran, Al maktabat-al-Mortazaviya.

V

L'ECOLE D'ISPAHAN

Le petit village de Touss, au nord-est de l'Iran, à Khorassan, ne s'était pas contenté de donner naissance seulement à Ferdowsi et à Nezam-ol-Molk, pour que le premier fonde le palais de la poésie persane et le second, en tant que grand chancelier, règne sur les cours des rois séldjoukides et des califes de Bagdad. Touss donna également naissance à Mohammad Ghazâli (mort en 1111 chrétien/501 de l'hégire), un penseur dôté d'une intelligence extrême et d'une connaissance profonde de la culture islamique, et l'envoya à Bagdad pour non seulement diriger la plus grande université des sciences religieuses du monde musulman, mais également pour détruire à jamais la forteresse ébranlée et tremblante de la philosophie grecque dans le monde islamique. Bien que quelques décennies plus tard l'éminent philosophe aristotélicien, de Cordoue, Averroès, s'efforça de défendre Aristote et de fournir une réponse digne à Ghazâli, les coups assenés au cadavre mourant de la philosophie étaient si violents que la philosophie dans le monde islamique n'a pu jusqu'à ce jour relever la tête (1).

Au treizième siècle ce fut le tour de Gengis et des Mogols d'envahir l'Iran et Bagdad et de détruire la brillante, mais agonisante, civilisation urbaine. La passivité se substitua à l'activité et sur les ruines des écoles philosophiques poussèrent les "maisons de derviches". C'est ainsi qu'entre les douzième et quinzième siècles, malgré l'apparition de penseurs comme Bâbâ Afzal Kâchâni et Nassir-al-din Toussi, on n'assista à aucune évolution profonde dans le domaine de la pensée.

En 1501, les Séfévides de religion chi'ite arrivèrent au pouvoir, et bien que jusqu'alors les chi'ites aient été en minorité par rapport aux sunnites, le chi'isme fut érigé au rang de la religion officielle de l'Iran. L'Iran se transforma alors aussi bien en centre politique qu'en centre de la culture chi'ite. C'est ainsi que fut créée "l'Ecole d'Ispahan" dont l'essor fut assuré par des personnalités telles que Chaykhe Bahâï, Mir Dâmâd, Mir Fendereski, Mollâ Sadrâ, Lâhidji, Fayzé Kâchâni et enfin Madjlessi.

Avec l'apparition de l'Ecole d'Ispahan, la stabilité et la

---

1) IMAM MOHAMMAD GHAZALI : *Tahâfot al-falasifa*. Traduction persane de A.A. Halabi, Téhéran, Presses Universitaires de Téhéran, 1983.
- GHAZALI : *Maqâsed al-falasifa*. Traduction persane de M. Khazâéli. Téhéran, 1959.
- GHAZALI : *Ehyâï olum al-din*. Traduction persane de M. Khârazmi. Téhéran, Fondation Culturelle de l'Iran, 1973.
- GHAZALI : *Al-Munqid min adalâl* (erreur et délivrance). Traduction persane de M.M. Foulâdvand. Téhéran, Editions Mohammadi.
Il existe la traduction française de cette oeuvre :
AL-GHAZALI : *Al-Munqid min adalâl* (erreur et délivrance). Traduction et notes par Farid Jabre. Collection UNESCO, Série Arabe, Beyrouth, 1959.
AVERROES : *Tahâfot al-Tahâfot*. Editions Soleyman Donyâ. Caire, Dâr al-Ma'âref be messr, 1965.
Et la traduction en français d'une autre de ses oeuvres :
AVERROES : *L'accord de la religion et de la philosophie*. Traduction de Léon Gautier. Editions Sindbad, Paris, 1988.

stagnation de la philosophie islamique furent interrompues et une révolution secoua le mode de pensée. Si nous disons philosophie islamique c'est parce qu'à partir de la mort d'Averroès la philosophie a connu un état de stagnation chez les musulmans non iraniens. Ahmad Amin, éminent penseur égyptien contemporain, a écrit dans son ouvrage connu *Zohr al Islam* : *"La philosophie convient davantage aux chi'ites qu'aux sunnites. Ceci a été constaté à l'époque des califes Fatimides en Egypte et des Buwayhides en Iran. Et même durant la récente période, l'Iran qui est de religion chi'ite a montré plus d'attrait pour la philosophie que les autres pays islamiques"*.

L'éloge de Ahmad Amin à l'égard des Iraniens est un "cadeau empoisonné". Car si Ahmad Amin met côte à côte la philosophie et le chi'isme, son objectif non déclaré est d'affirmer que les chi'ites sont adeptes de spéculation-herméneutique et que le chi'isme est synonyme de spéculation.

L'ardeur et l'enthousiasme des discussions philosophiques et mystiques à Ispahan sont indéniables. Mir Dâmâd, maître de Mollâ Sadrâ, était dès le début d'avis (de même que Sohravardi) que la "substance" était "intrinsèque" et l'"être", "extrinsèque". Mollâ Sadrâ s'éleva contre son maître, prétendant que l'"être" est "intrinsèque" et la "substance", "extrinsèque". En outre, Mollâ Sadrâ fonda une nouvelle théorie de mouvement, connue sous le nom de "mouvement intrasubstantiel". Jadis, tous les philosophes musulmans croyaient au mouvement dans les neuf catégories d'"accident", et le considérait comme impossible dans la "substance". Or, Sadrâ croyait au mouvement dans la "substance". Il réussit ainsi à réunir quatre courants de pensée islamique, la scolastique, la mystique, le platonisme et l'aristotélisme, à les concilier et à les ordonner pour créer un système philosophique nouveau et indépendant. Du point de vue méthodique, son ordre philosophique ressemblait à celui de Sohravardi. Autrement dit, il croyait simultanément à l'intellect et à l'intuition. Le noyau central de sa pensée était composé de mouvement, du temps, du lieu, de la puissance et de l'acte. Ce que Sadrâ et ses partisans ont appelé existentialisme est le résultat logique de l'analyse qu'ils ont réalisée du "devenir". La philosophie de Sadrâ est une philosophie difficile (laquelle ne l'est pas ?) et plus complexe encore consiste à la résumer. Par ailleurs, parce que cette philosophie se transforme en philosophie officielle du chi'isme et est enseignée dans les centres théologiques, les chi'ites y sont extrêmement sensibles. Pour cette raison et pour éviter tout préjugé et malentendu, il serait préférable de donner la parole à Mollâ Sadrâ lui-même et à ses adeptes contemporains les plus connus, les ayatollahs Khoméyni et Tabâtabâ'ï, ainsi qu'à ses disciples les plus érudits, l'ayatollah Mottahari et Djalâl-ed-din Achtiâni.

Selon la théorie du "mouvement intrasubstantiel", il n'existe pas de "corruption" dans le monde, ce qui est n'est que mouvement. Le monde existentiel est constitué fondamentalement de substance, les "accidents" n'étant que secondaires et parasitaires. Pour Aristote et Avicenne, la substance était un fait stable, subissant parfois des changements expulsifs. Pourtant, il n'existe pas de stabilité dans le monde de la matière. Il ne faut pas dire que le monde est mobile, mais qu'il est en "devenir" et en mouvement perpétuel. Le mouvement et le mobile sont identiques, ils ne font qu'un. Seulement dans les "accidents", le mobile et le mouvement sont deux, sont différents. Dans l'essence, le mobile et le mouvement font un. Ceci est attesté également par le Coran : "... Nous sommes à Allah et à lui nous revenons !" (S 2, V 156-157).

La théorie du "mouvement intrasubstantiel" transforma la question fondamentale "de la contingence et de la préexistence du monde" qui constituait le centre des discussions des philosophes platoniciens et aristotéliciens. Platon considérait le monde comme "contingent", Aristote l'affirmait "préexistant". Sadrâ préconise que le monde est "contingent", dans ce sens qu'il ressemble à la "contingence" ou il est la "contingence" même. Le monde est en perpétuel "contingence". Il serait vain de chercher l'âge de l'univers. Ceci est absurde. L'univers a été en perpétuel contingence et cela à partir de n'importe quel moment. Etant donné que l'émanation ne s'est jamais interrompue et qu'il est impossible que Dieu restât un instant sans émanation, l'univers existe depuis l'éternité et est en perpétuel contingence. L'univers se crée et se détruit en permanence, sans que nos sens en aient conscience.

A partir de l'instant où nous entrons dans un endroit quelconque et nous nous y installons, nous pensons que ce qui y existait au moment de notre entrée est resté inchangé. Or, il n'en est guère ainsi. Le changement permanent domine notre milieu. Cet endroit précis (par exemple cette pièce) est continuellement en état de naître et de mourir. Il en est de même en ce qui nous concerne. La stagnation et la stabilité n'existent que dans la métaphysique. Celle-ci est un monde au-delà du monde matériel, à l'abri de l'imperfection et de la matière, dominant le "temps" et le "lieu" qui existent dans le monde matériel.

La stabilité n'existe que dans la métaphysique qui a sauvegardé l'ordre de ce monde. La différence entre la nature (physique) et le surnaturel (métaphysique) est celle qui existe entre le mouvement et la stabilité.

Si nous, dans notre esprit, nous relions le passé et l'avenir, percevant aussi bien le passé que le présent et l'avenir, c'est parce que notre science n'est que l'aspect métaphysique de notre existence. Le but de la science est la connaissance et non les sciences empiriques. Notre cerveau, parce qu'il est matériel, est, avec son contenu, en changement permanent et, à chaque instant, il diffère de l'instant précédent. Si nous n'avions que ce cerveau, la science ne pourrait exister. Car l'existence de la science n'est possible que dans la stabilité. Autrement dit, la science est contre le changement. C'est ainsi que la science équivaut à la pérennité.

Il s'ensuit donc que la nature (physique) est l'effet du surnaturel (métaphysique). Si nous et le monde avions été créés, il y a dix millions d'années, simultanément en un seul instant, et que nous étions lâchés dans le temps, alors nous n'aurions pas eu besoin d'une cause qui aurait été à l'origine de notre création et de celle du monde. Les êtres et le monde n'ont pas été créés en un seul instant. Les êtres et le monde ont été, sont et seront créés dans le temps. Notre création n'est autre que notre destruction et notre néant. Dieu nous accorde continuellement l'existence. Nous n'avons pas été créés en un seul instant pour ne plus avoir besoin de cause (Dieu). L'émanation divine est sans interruption. Nous sommes en "devenir" permanent.

Les concepts de contradiction, de devenir, du mouvement chez Mollâ Sadrâ, malgré leur ressemblance apparente, sont foncièrement différents de ceux de la philosophie de Hegel. L'ayatollah Mottahari indique que l'affirmation de Hegel quant à l'impossibilité de la causalité à expliquer le monde existentiel est radicalement erronée. La causalité dans la philosophie de Mollâ Sadrâ est très différente de celle qui existe entre les substances. Dans sa philosophie, la cause explique l'effet. Hegel est partisan de l'unicité du sujet et de l'objet. Selon lui, le raisonnement, tout en dominant le sujet, domine également l'objet. Les adeptes de Sadrâ sont d'avis contraire affirmant que le sujet et l'objet ne sont pas identiques et le passage de prémisse à conclusion qui est variable pour le sujet ne l'est pas pour l'objet.

Le néant ne peut être déduit de l'existence, car la conviction en ce principe équivaudrait à considérer la substance comme intrinsèque et l'existence, extrinsèque. Tandis que dans la philosophie existentialiste de Sadrâ, l'existence est intrinsèque et la substance extrinsèque. "Etre n'existe pas" ne signifie guère que l'existence comporte en son sein le néant. En confirmant Sadrâ et pour réfuter Hegel, l'ayatollah Mottahari va jusqu'à dire que : "l'existence n'existe pas" et "être = non être" sont considérés comme identiques par Hegel, tandis qu'il n'en est point ainsi. Par là, Mottahari veut démontrer que Hegel a négligé la différence entre deux propositions dans la logique : la "proposition négative" et la "proposition affirmative". L'expression l'"existence n'existe pas" est une proposition affirmative, différente de l'"être = non être" qui est une proposition négative. C'est-à-dire qu'en supposant que l'"existence n'existe pas", c'est l'existence qui est niée, mais cela ne signifie pas que le néant s'associe à l'existence. Il en est de même de la différence de Sadrâ avec Hegel quant aux questions de contradiction et de mouvement.

Pour Sadrâ et ses adeptes, le monde n'est que mouvement, à l'abri de la stabilité. Il existe dans le monde une loi universelle qui est celle de cause à effet. Ce mur que nous voyons là, n'est pas celui d'il y a une semaine ni celui de l'instant précédent. C'est une chose à la charnière du passé et de l'avenir. Même le mot chose n'est pas précis. C'est un courant, pas une chose. D'après Sadrâ et ses adeptes, c'est la contradiction qui provient du mouvement et non le contraire. Par conséquent, la contradiction ne peut expliquer le mouvement et en être la cause. La genèse d'un contraire au sein d'un autre contraire constitue en soi un mouvement et par conséquent il est lui-même régi par la loi du mouvement. La contradiction est l'effet du mouvement, et à son tour la cause d'autres mouvements, mais uniquement en tant que moteur. Et parce que la contradiction provient du mouvement et non le contraire, il faudrait rechercher ce moteur qui n'est autre que Dieu.

La pensée de Mollâ Sadrâ a survécu à sa mort (1640) à travers ses deux disciples et gendres, Fayz Kâchâni et Lâhidji, et plus tard, au dix-neuvième siècle, à travers Sabzévâri, s'érigeant progressivement au rang de philosophie officielle du chi'isme, ayant puissamment dominé sur les centres d'enseignements théologiques. Bien que durant la seconde moitié du dix-neuvième siècle des philosophes comme Djélvé s'efforcèrent de ressusciter la philosophie d'Avicenne, leurs efforts restèrent vains. En outre, Mollâ Sadrâ et sa philosophie eurent le bonheur de bénéficier, au vingtième siècle, de l'affection de l'ayatollah Khoméyni et de devenir la philosophie officielle du centre d'enseignement théologique de Qom avec le soutien officiel et semi officiel de l'ayatollah Khoméyni et de ses compagnons et disciples, c'est-à-dire des penseurs comme Tabâtabâ'ï, Mottahari et Achtiâni (1).

Ainsi, comme nous le verrons dans le chapitre suivant, ni l'éclatement de l'héritage de Hegel et son partage entre "hégéliens de gauche" et "hégéliens de droite", ni l'élévation de la pensée de Mollâ Sadrâ au rang de "la philosophie officielle du chi'isme" n'ont été les fruits du hasard.

---

1) MOLLA SADRA : *Al vâredât-al ghalbiya*. Traduction persane de A. Chafi'ihâ. Téhéran, Académie Islamique de Philosophie.
- MOLLA SADRA : *Al lama'ât-al machreghiya*. Traduction persane de A. Mechkat-al dini. Téhéran.
- MOLLA SADRA : *Archiya*. Traduction persane de A. Ahani. Ispahan, 1962.
- MOLLA SADRA : *Assfâr*. Traduction persane de Dj. Mossleh. Téhéran, Université de Téhéran, 1974. En trois volumes.
- MOLLA SADRA : *Machâïr*. Traduction persane de A. Ahani. Université d'Ispahan, 1961.
- MOLLA SADRA : *Tassavor va Tassdigh*. Traduction persane de M. Hâeri Yazdi. Téhéran, Académie Islamique de Philosophie.
- ACHTIANI, S.Dj. : *Hassti az nazareh falsafé va erfân* (l'existence du point de vue de la philosophie et de la mystique). Téhéran, Ed. Nehzaté Zanâné Mossalmân.
- ACHTIANI : *Charhé ahvâl va âssâré Mollâ Sadrâ* (Biographie et pensées de Mollâ Sadrâ). Téhéran, Ed. Nehzaté Zanâné Mossalmân.
- MOTTAHARI, M. : *Achnâï bâ Olumé islami*. Téhéran, Ed. Sarâ. 3 volumes.
- MOTTAHARI, M. : *Maghâlâté falssafi* (articles philosophiques). Qom, Ed. Hikmat.
- MOTTAHARI, M., et TABATABAI, M.H. : *Ossoulé falssafé va rawéché réalisme* (les principes de la philosophie et la méthode du réalisme). Téhéran, Ed. Sadrâ, 1953-1983. V volumes.
- TABATABAI, M.H. : *Al mizân* (commentaire du Coran). Texte arabe avec la traduction persane. Téhéran, Ed. Mohammadi. 40 volumes.
- TABATABAI, M.H. : *Chi'a dar islam* (le chi'isme dans l'islam). Qom. Ed Daftaré tablighâté islâmi.
- TABATABAI, M.H. : *Ghor'ân dar islam* (Le Coran dans l'Islam). Ed. Bounyâdé Olumé islâmi, 1982.
- TABATABAI, M.H. : *Hayâté pass az margh* (la vie après la mort). Téhéran, Ed. Intéchârât wa âmouzéché inghilâbé islâmi, 1981.

VI

LA PHILOSOPHIE
OU LA THEOLOGIE ?

Où se situe la frontière entre philosophie et théologie et quelle est la différence entre un théologien-théosophe et un philosophe ? Jadis j'avais lu dans l'oeuvre d'un penseur (quel penseur et où ? plus j'y pense moins je m'en souviens) que la différence entre un théosophe-théologien et un philosophe était la suivante : le premier lorsqu'il veut voyager, connaît le point de départ du train qu'il veut prendre, l'heure d'arrivée de celui-ci à la gare et sa destination finale. En revanche, un philosophe qui veut voyager ne connaît ni le point de départ de son train, ni le nom de la gare où il veut descendre, ni la destination finale du train. Il monte "par hasard" dans le train. Autrement dit, le théosophe connaît la "vérité", il l'a choisie et son but consiste à "la défendre". Or, un philosophe n'a pas de vérité préétablie. Il est à la "recherche" de la vérité.

Si on admet cette définition, alors tout ce qui a été rédigé dans le domaine de la pensée dans les pays de l'Islam, de Fârâbi à Mollâ Sadrâ et de celui-ci à Tabâtabâï, n'est autre que théologie et ne ressemble en rien à la philosophie. Autrement dit, l'enveloppe de cette pensée est "l'intellect" et son noyau, "la révélation" et "la mystique". Le philosophe le plus "rationaliste" du monde musulman, Mollâ Sadrâ, a donc été le plus mystique de tous. Tout ce qui a été dit et écrit ne relève pas de la philosophie, mais de la théologie, de la mystique, de la théodicée et de la théosophie.

Ceci ne signifie en rien la négation de la théologie, de la mystique et de la justice divine. Ces sciences en tant que sciences religieuses occupent la place qu'elles doivent occuper. La question est que dorénavant la philosophie doit occuper la place qui lui convient, c'est-à-dire retrouver son indépendance. Depuis le VIIIème siècle jusqu'à ce jour, la logique aristotélicienne et la raison grecque ont été, dans le monde islamique, soumises en permanence à la théologie, sans que jamais leur indépendance soit reconnue.

Le temps de la libération de la philosophie n'est-il pas arrivé ?

Sadrâ a été contemporain de Spinoza, de Leibniz et de Descartes. Il est étonnant que la pensée de tous les quatre ait été fondée sur l'"essence". Le monde de Spinoza est composé d'une seule "essence" et bien qu'il parle de "Natura Naturans" et de "Natura Naturata", ces deux concepts ne sont que deux méthodes de réflexion concernant une seule "essence unique". C'est pourquoi dans sa philosophie on peut changer la place des mots "Dieu" et "Nature" sans qu'aucune faille n'intervienne dans son système de pensée.

Leibniz croyait en un nombre infini d'"essences" qu'il appelait "monades", tandis que Descartes connaissaît trois "essences" : Dieu, âme et matière.

Mais quelle différence considérable séparait le dernier grand "philosophe" du monde musulman de ses contemporains et ses homologues occidentaux (les pères de la philosophie moderne) ! Alors que Spinoza, Leibniz et Descartes se référaient aux sciences les plus rationnelles, les mathématiques, alors que Spinoza avait rédigé son chef-d'oeuvre, *Ethique*, sur la base de la géométrie euclidienne (les définitions, les postulats et les propositions) alors que selon l'aveu de B. Russel, Leibniz a été le père véritable de la logique mathématique, alors que Descartes a été l'inventeur de la géométrie analytique, Mollâ Sadrâ avait choisi la direction opposée, la plus mystique des voies, c'est-à-dire celle de la révélation et de l'intuition. Non seulement il a rédigé des commentaires sur plusieurs dizaines sourates du Coran, mais il affirmait joyeusement que la théorie du "mouvement intrasubstantiel" puise sa source dans ce verset du Coran : "Nous sommes à Allah et à lui nous revenons !" (S 2, V 156-157).

Il serait inexact, comme le font certains, de comparer Mollâ Sadrâ à Hegel. Comme Hegel, Sadrâ croit dans le mouvement et la contradiction. Mais quelle différence entre ces deux philosophes ! Sadrâ, comme Aristote, ne croit pas à l'unité avec le contraire et le considère impossible. Sadrâ est d'avis que la contradiction naît du mouvement et pour comprendre ce dernier il faudrait rechercher le moteur (Dieu). Or, l'aspect révolutionnaire de la dialectique de Hegel réside dans le fait que pour lui le mouvement naît de la contradiction et l'unité avec le contraire constitue le facteur de l'évolution. C'est pourquoi le Dieu de Sadrâ, bien que celui-ci utilise la philosophie et l'intellect, reste le Dieu insaisissable. Le Dieu de Hegel possède, en revanche, des noms comme Esprit, Raison, Idée, Nature, Absolu, Universel, Concept, Dieu, Le Juste, l'Objectivité solide, l'Energie, etc (1).

Tandis que Mollâ Sadrâ s'efforce de justifier l'existence d'une "vérité définitive absolue" supérieure à la "conception" et à la "représentation", la caractéristique de la dialectique de Hegel consistait à démontrer l'inexistence de

---

1) HEGEL : *La raison dans l'histoire*, Chapitre IV/3a, p. 245-269.

la "vérité définitive absolue". Tout connaîtra inévitablement la chute et l'univers n'est autre que la génération et la corruption permanentes et l'ascension illimitée. Tout est en évolution.

Alors que dans la philosophie de Mollâ Sadrâ il existe une frontière entre créateur et créature, frontière infranchissable par la créature, dans celle de Hegel l'homme se transforme en Dieu. Hegel n'a pas transformé Dieu en homme et ne l'a pas abaissé au rang de ce dernier. En revanche, pour Hegel, la caractéristique de l'homme fait qu'elle l'oblige à se transformer en Dieu. L'homme est créé à l'image de Dieu. L'homme est créé créateur. L'essence de l'homme n'est autre que l'entité divine. Chez Sadrâ, la frontière entre l'infini et le fini, entre Dieu et l'homme est une frontière infranchissable, mais pour Hegel, parce que l'homme a une entité divine, Dieu doit apparaître en chair et en os sur terre. L'incarnation de Dieu dans le corps de Jésus (comme être humain) signifie la présence de Dieu. Cette incarnation traduit l'association de l'infini et du fini.

L'affirmation de l'ayatollah Mottahari selon laquelle Hegel n'a pas compris la différence entre "proposition affirmative" et "proposition négative" et qu'il a donc commis une erreur impardonnable n'est guère sérieuse. Car, apparemment, aussi bien Hegel que sa "Grande logique" ont été très sérieux et la profonde différence entre les pensées de Sadrâ et de Hegel correspond à celle qui existe entre la pensée orientale et la pensée occidentale (1).

Bref, Mollâ Sadrâ est un théologien qui, dans son système de pensée (ou plus exactement dans l'interprétation des prescriptions coraniques), est armé de la raison grecque et de la logique formelle d'Aristote.

---

1) HEGEL : *Science de la logique, la doctrine de l'essence*. Traduction de P.J. Labarrière et G. Jarczyk. Paris, Aubier-Montaine, 1976.
- HEGEL : *La phénoménologie de l'Esprit*. Présentation, traduction et notes par G. Jarczyk et P.J. Labarrière, Paris, Gallimard, Bibliothèque de Philosophie, 1993.

Ghazâli, bien qu'il ait été le penseur qui "ait assassiné" la "raison grecque" dans le monde islamique, fut le premier dans l'histoire de la philosophie à avoir démontré que la théologie est la théologie, et la philosophie est la philosophie. Il prouva également que l'utilisation de l'argumentation, de la démonstration et du raisonnement dans le domaine théologique (comme le faisaient Fârâbi et Avicenne) est une erreur absolue et donc irrecevable. Car l'argumentation dans le domaine théologique est dépourvue de la valeur qu'elle revêt dans les sciences mathématiques (1). Autrement dit, Ghazâli voulait affirmer qu'il est impossible d'atteindre Dieu par l'argumentation. Son objectif était de faire retourner la société islamique à la tradition du Prophète et à sa fameuse phrase : "A vous la religion des vieilles femmes". De son point de vue, la question de Dieu relevait du "coeur" et non point de la "raison" comme le prétendaient les aristotéliciens du monde islamique. Le retour à la tradition du Prophète signifie le fait suivant : un jour le Prophète de l'Islam, accompagné de ses compagnons, vit une vieille femme travaillant sur un métier à tisser. Il lui demanda : "Pourquoi as-tu foi en Dieu ?" La vieille femme retira sa main de la manivelle qu'elle tournait pour faire fonctionner le métier. La machine s'arrêta. Elle répondit : "Pour cette raison ! Comme cette roue qui a besoin d'une main pour la faire tourner, la roue de l'univers a également besoin d'une main puissante". C'est alors que le Prophète interpela ses compagnons et leur dit : "A vous la religion des vieilles femmes !"

Sept siècles après Ghazâli, Hume, dans son propos sur la "causalité", étudia cette question de manière plus profonde et sépara la part de la philosophie de celle de la théologie (2). Rousseau, ami et contemporain de Hume, étudia cette question plus explicitement, plus agréablement

---

1) Voir note n° 26.
2) HUME : *Enquête sur l'entendement humain*. Sections XI et XII, "La Providence particulière et l'Etat futur". Paris, Garnier-Flammarion, 1983, p. 210-247.

et plus littéralement, et conclut que l'assise de la foi se situait dans le "coeur" et point dans le "raisonnement" (1).

Enfin Kant, qui, selon ses propres dires, avait lu à deux reprises *Emile*, l'oeuvre de Rousseau (une fois pour sa beauté et une deuxième fois pour sa profonde signification philosophique), établit dans *La critique de la raison pure* un long réquisitoire contre cette méthode et plus particulièrement contre Leibniz. L'objectif de Kant était de prouver que "Dieu est représentable et non pas démontrable".

Autrement dit, ni la preuve ontologique, ni la preuve cosmologique ni la preuve physico-théologique ne permettent d'atteindre Dieu. Et c'est pour cette même raison que le chapitre relatif à "l'existence de Dieu" dans le système de pensée de Kant ne se situe pas dans la partie "théorique", mais dans la partie "pratique", dans la section de "la morale".

Aujourd'hui encore, la pensée religieuse occidentale utilise différentes méthodes pour atteindre Dieu. Tandis que Léon Chestov (1866-1938), dans son oeuvre *Athènes et Jérusalem*, son testament, préfère Jérusalem (la révélation, la mystique ou la connaissance de coeur des peuples sémites) à Athènes (la raison grecque) Jean Guitton (1901-), le fameux penseur catholique, s'efforce de démontrer l'existence de Dieu par une méthode totalement rationnelle et notamment à l'aide de la physique quantique (2).

---

1) ROUSSEAU, J.J. : *Oeuvres complètes*. Profession de foi du vicaire Savoyard. Bibliothèque de la Pléiade. Paris, Gallimard, 1969, T IV, p. 565-691.
Même le pharmacien de *Madame Bovary*, oeuvre de Flaubert, est du même avis que Rousseau : "Je suis pour la profession de foi du vicaire savoyard", Flaubert. *Madame Bovary*, p. 86.
2) KANT : *Critique de la raison pure*, Paris, Garnier-Flammarion, 1976, p. 475-503.
- Léon CHESTOV : *Athènes et Jérusalem*, Paris, 1937.

En revanche, dans la pensée islamique, dès le début (Fârâbi, Avicenne, Averroès), l'intellect et l'intuition se fusionnèrent de sorte qu'à partir de l'époque de Sadrâ, la raison grecque disparut complètement de la scène de la pensée pour laisser place à l'intuition.

Et c'est pour cette raison, et ce n'est pas un hasard, que Mollâ Sadrâ affirme qu'entre Avicenne, l'aristotélicien, et Muhyedin Ibn Arabi (le père de la mystique islamique) il s'incline seulement devant le second, que le plus connu des philosophes chi'ites des quarante dernières années, l'ayatollah Tabâtabâ'ï, affirme que, dans l'histoire de l'Islam, personne n'a eu le pouvoir de présenter une phrase, même une seule phrase, comparable aux phrases de Ibn Arabi (1), que l'ayatollah Khoméyni, citant l'histoire de l'entretien entre Avicenne, l'aristotélicien, et Abou Saïd, mystique connu, fait allusion à Avicenne comme un "aveugle" dont l'argumentation était sa "canne" (2), que dans la première oeuvre de l'ayatollah Khoméyni, rédigée à l'âge de 27 ans, aux environs de 1927, sous le titre *le commentaire de la prière de l'aube*, la pensée gnostique de Ibn Arabi et de ses interprètes tels que Gownavi, Abd al Razagh Kâchâni et Quayssari, ait été fusionnée avec les opinions de Mir Dâmâd et Mollâ Sadrâ et que Ibn Arabi, Mir Dâmâd et Mollâ Sadrâ aient été placés sur la marche la plus haute de la pensée (3).

- Jean GUITTON : *Dieu et la Science*, Paris, Grasset, 1991.
1) MOTTAHARI,M. : *Charhé mabssouté Manzoumé* (commentaire de Manzoumé de Sabzévâri). Téhéran, Ed. Hikmat, VI, p. 238-239.
2) Ayatollâh Khoméyni Rouhollah : *Tafssiré sourayé moubarakéyé hamd* (Commentaire de la première sourate du Coran). Téhéran, Ed. Wahdat, 1980, p. 91. Ce commentaire est profondément influencé par la mystique d'Ibn Arabi et ses commentateurs.
3) Ayatollâh Khoméyni : *Charhé doâyé Sahar* (Le commentaire de la prière de l'aube). Téhéran, 1980. p. 16, 52, 66, 70, 71, 81, 83, 105, 145, 157, 194, 206 et 207. A la page 71 de cet ouvrage, l'ayatollah Khoméyni se réfère à Ibn Arabi en le qualifiant de "Grand cheikh" ; à la page 194, il cite Mir Dâmâd en lui accordant l'attribut "le seigneur, le savant des savants". Enfin, à la page 105, il parle de Mollâ Sadrâ en tant que

L'ayatollah Khoméyni a également fait l'éloge de Mollâ Sadrâ et de Feyz Kâchâni à travers d'autres écrits (1).

Il est clair, pour ces raisons, que du point de vue de l'histoire de la philosophie et de la philosophie même dans son sens grec, ce qui a été rédigé dans le domaine de la pensée depuis l'époque de Fârâbi à ce jour en Iran et dans le monde islamique ne relève pas de la philosophie mais de la théologie et de la théosophie.

Contrairement à tout ce qui a été dit et écrit jusqu'à ce jour, le point fort de la pensée islamique n'était pas sa "philosophie", mais sa logique, sauf si, comme Corbin, nous commettons l'erreur de ne pas distinguer la philosophie de la théosophie. C'est en effet dans le domaine de la logique que les penseurs islamiques se situaient à un niveau supérieur par rapport à leurs homologues occidentaux et dans de nombreux domaines de cette science comme dans les questions de propositions disjonctives, propositions conjonctives et propositions disjonctives propres, firent des avancées considérables qui ont gardé jusqu'à nos jours toute leur nouveauté et leur valeur (2).

"Seigneur des philosophes et des théologiens et le cheikh des mystiques parfaits".
1) Ayatollâh Khoméyni et ayatollâh Maléki : *Laghâoullâh* (la rencontre de Dieu). Téhéran, Ed. Nihzaté Zanâné Mossalmân, 1981, p. 258.
- Fahri (ou Fohri), S.A. et ayatollâh Khoméyni : *Adâbe-al Salâte* (les rites de la prière). Téhéran, Ed. Nihzaté Zanâné Mossalmân, 1980, p. 244-250.
2) Nassir al din Tussi : *Assâss al-Ightibâss*. Presses Universitaires de Téhéran, 1947.
- Qotb al-din Râzi : *Charhé Chamssiya*. Téhéran, 1908.

VII

LUMIERE ET TENEBRES

La tempête soulevée par la bourgeoisie européenne, lors de la révolution industrielle anglaise et de la révolution française secoua l'Iran vers la fin du XVIIIème et le début du XIXème siècle. Comme les autres pays d'Asie et d'Afrique, cette tempête tira l'Iran de son sommeil pluricentenaire et "précipita" ce pays dans le marché mondial. A partir du début du XIXème siècle, malgré la résistance farouche du despotisme politique et de la culture traditionnelle, l'ancienne structure politique et sociale asiatique s'écroula pour laisser progressivement la place aux rapports nouveaux liés au marché mondial. Aux caravanes commerciales moyenâgeuses furent substitués des moyens maritimes, terrestres et ferroviaires. La nouvelle culture s'affronta à la culture millénaire. Voltaire, Hume, Rousseau, Locke, Stuart Mill, Auguste Comte et Hegel se trouvèrent dans le pôle opposé à Fârâbi, Avicenne et Mollâ Sadrâ. Une nouvelle génération d'intellectuels tels que Malkam, Akhound Zâdeh, Kermâni et Tâlébof, fit son apparition. Bien que ces intellectuels n'ajoutèrent pas une nouvelle page au registre de l'histoire de la philosophie mondiale moderne, sur le plan national, insistant sur le profond archaïsme économique, social et culturel de l'Iran, ils secouèrent profondément la société.

Ces intellectuels revendiquaient une "nouvelle morale" et une "nouvelle politique". Partisans d'une "nouvelle politique", ils déclarèrent la guerre contre le despotisme oriental et les relations économiques et sociales moyenâgeuses. Attachés à une "nouvelle morale", ils critiquèrent la pensée et la littérature classiques. La "révolution constitutionnelle de l'Iran", en 1906, était, dans une large mesure, redevable aux efforts de ces intellectuels.

Dans l'intervalle 1912-1920, la Constitution tremblante et fragile de l'Iran se trouvait en permanence menacée de disparition. En 1920, l'Iran fut témoin d'un coup d'Etat dirigé par un officier de la division des cosaques, du nom de Rézâ Khân, soutenu par les militaires et les agents des services de renseignement anglais. D'abord ministre de la Guerre, Rézâ Khân devint ensuite Premier ministre. En 1925, Rézâ Khân écarta la dynastie Qâdjâr et monta lui-même sur le trône en tant que le premier roi de la dynastie Pahlavi. Il régna sur l'Iran jusqu'en 1941. En 1953, un coup d'Etat fut fomenté par la C.I.A., l'ambassade des Etats-Unis en Iran, le Chah et les officiers qui lui étaient restés fidèles, dirigé contre le mouvement national de Mossadegh, Premier ministre. Ce coup d'Etat permit au Chah de régner de nouveau sur l'Iran, règne despotique qui dura jusqu'à sa chute en 1979. Durant les 59 années du règne du Chah et de son père sur l'Iran, la constitution fut violemment foulée aux pieds. Le mouvement politique et culturel moderne de l'Iran était voué à l'échec dès le début. Quatre-vingt onze ans seulement séparaient la découverte de la démocratie et du parlementarisme occidental en 1815 par le premier intellectuel iranien, Chirâzi, de l'instauration de la Constitution en Iran en 1906. Ni la bourgeoisie iranienne, ni la philosophie moderne de l'Iran n'avaient la possibilité de combler la distance qui les séparait de la bourgeoisie européenne.

Au quatrième siècle avant J-C, Platon faisait allusion à "la science de Zoroastre" (1). Au XIVème siècle, Ibn Khaldun, le génie tunisien écrivait : "La philosophie convient aux Grecs et aux Iraniens" (2). Au XVIIIème siècle, les *Lettres persanes* de Montesquieu firent de nouveau parler de l'Iran. Durant les décennies 1830-1840, le génie russe Gogol faisait référence à l'Iran en le qualifiant d'"opium", de "diable", de "mal absolu" et d'"Esprit des ténèbres" (3).

Durant la seconde moitié du XIXème siècle, Nietzsche essaya sincèrement, mais en vain, de sauvegarder "l'honneur iranien", avec l'aide fictive de son Zoroastre. Sous le règne du Chah et de son père en Iran (1920-1979), l'Iran était synonyme de pétrole, de chat, de tapis et de prisonnier politique. Depuis 1979 jusqu'à ce jour, la République Islamique d'Iran s'est donnée la mission d'appliquer les lois divines !

---

1) PLATON : *Dialogues Socratiques. Alcibiade-Charmide....* Traduction de Léon Robin. Préface de François Châtelet. Paris, Editions Gallimard, 1978, p. 62.
2) Ibn Khaldun : *Mughadama* (prolégomènes). Traduction persane de Mohammad Parvin Gonâbâdi. Téhéran, Ed. Scientifiques et culturelles, 1983. Volume II, chapitre Sciences spéculatives, p. 1001.
3) GOGOL : *Oeuvres Complètes* (la perspective Nevski et le portrait). Bibliothèque de la Pléiade. Editions Gallimard, Paris, 1966, p. 551 et 711.

Pourquoi alors ne pas fermer le chapitre de la philosophie pour ouvrir celui de la politique et du martyr ?

VIII

PHILOSOPHE, POLITICIEN, MARTYR

Mohammad Iqbâl Lahouri, éminent philosophe et poète indien qui écrivait le persan avec autant de finesse que le "ordou" et l'anglais, était l'un des plus intelligents spécialistes de l'"âme persane" :

"Le trait de caractère le plus remarquable du peuple persan est son amour pour la spéculation métaphysique. Cependant, le chercheur qui aborde la littérature de la Perse en s'attendant y trouver des systèmes complets de pensée, tels que ceux de Kapila ou de Kant, s'en retourneront déçus, malgré l'impression profonde que leur aura laissée la merveilleuse subtilité intellectuelle qui s'y déploie. Il me semble que l'esprit persan est plutôt épris des détails, et, en conséquence, dénué de cette faculté organisatrice qui élabore graduellement une doctrine, en interprétant les principes fondamentaux par référence aux faits ordinaires de l'observation. Le subtil brahmaniste perçoit l'unité interne des choses ; le Persan aussi. Mais

> *tandis que le premier s'efforce de la découvrir dans tous les aspects de l'expérience humaine, et explique de différentes façons sa présence cachée dans les choses concrètes, le second semble se satisfaire de sa pure universalité, et n'essaie pas de démontrer la richesse de son contenu interne. L'imagination papillonnante du Persan se pose, comme enivrée, de fleur en fleur, et semble incapable de considérer le jardin dans son ensemble. Pour cette raison, ses pensées et émotions les plus profondes s'expriment principalement dans des vers discontinus (ghazal) qui révèlent toute la subtilité de son âme d'artiste. [...] Et le résultat de cette différence de mentalité entre les deux notions est clair. Dans l'un des cas, nous avons des systèmes de pensée qui ne sont que partiellement élaborés ; dans l'autre cas, la terrible majesté du pénétrant Védanta"* (1).

Un arbitrage subtil et passionné et en même temps impitoyable !? Peut-être en est-il ainsi, mais Iqbâl n'a pas apporté de réponse aux causes de l'impuissance de l'âme persane à élaborer un système de pensée ! Cette puissance ne proviendrait-elle pas du fait que, dès sa naissance, la philosophie iranienne a été soumise aux services du pouvoir (politique, religieux, morale,...) et n'a jamais trouvé son indépendance ? Dans son analyse sur l'Iran antique, sa pensée et sa politique, Hegel parle de "La monarchie théocratique" (2). C'est ainsi que dans l'épigraphe de Bistoun, dans les montagnes de l'ouest de l'Iran, gravées selon les ordres de Darius I (522-486 av. J.-C.), le roi est considéré non seulement en tant que pouvoir politique et défenseur de la justice, mais également gardien du "bien",

---

1) Iqbal, Mohammed : *La métaphysique en Perse*. Editions Sinbad, Paris, 1980, p. 11-12.
2) HEGEL : *La raison dans l'histoire*. Chapitre V, L'empire oriental, p. 285.

de "la vérité", de "l'existence", de "la beauté" et de "la lumière", c'est-à-dire qu'il est également représentant de Ahourâ Mazdâ sur la terre. L'idée du "roi-philosophe" a été fondée non pas par Platon (428-347 av. J.-C.), mais par les rois perses !

Autrement dit, la philosophie en Iran a toujours ressemblé à un grain de blé moulu entre les deux énormes meules du moulin : "La monarchie théocratique aryenne" et "La théocratie des peuples sémites". Pour comprendre la défaite de la philosophie et des philosophes en Iran et peut-être dans tous les territoires islamiques, il faudrait tout d'abord insister sur les rapports entre le "pouvoir" et la "philosophie" afin d'éluder la raison pour laquelle le philosophe est habillé en martyr.

Autrement dit, si la "philosophie" de Sohravardi s'érigea, à l'époque du Chah, au rang de la philosophie officielle de la cour avec le concours de S.H. Nasr, directeur général de "l'Académie impériale de philosophie" et de son ami Henri Corbin, c'est parce que dans cette philosophie tout, à travers le ciel et la terre, est fondé sur la "hiérarchie". Les lumières, les ténèbres, les anges, les prophètes, les rois, les troupes, etc., se trouvent chacun à sa place spécifique. Ce monde fondé sur la hiérarchie, copie de la pensée et de la politique de l'époque sassanide, copie des "castes" indiennes (car les Indiens sont les frères des Perses aryens), c'est le monde de la stabilité, un monde dans lequel la mobilité constitue un sacrilège. Depuis le commencement, toute chose et tout être sont fixés à leur place et y resteront jusqu'à l'Eternité. Cette société est une "société fermée". Etait-ce un hasard si chaque fois que le Chah parlait de l'Iran, il le qualifiait de "l'île de la stabilité" ?

Si la philosophie de Sohravardi s'est transformée en philosophie officielle de la cour (l'Académie impériale de philosophie était fondée au début des années 1970 à l'initiative de Sayyed Hossayn Nasr), c'est parce que dans la "philosophie" de Sohravardi, non seulement les rois de l'Iran antique se trouvent au même rang que Platon et Hermès (le roi-philosophe de Platon ?), mais il est allé encore plus loin et a érigé certains d'entre eux au rang de prophète (1). Et si l'ayatollah Khoméyni fait allusion à Mollâ Sadrâ en tant que "Seigneur des philosophes et des théologiens et le cheikh des mystiques parfaits", c'est parce que Sadrâ, dans son commentaire de "kâfi" (le livre le plus authentique dans le domaine de la tradition des imâms chi'ites), a officiellement entériné la théocratie chi'ite (2).

Le philosophe défini par Platon doit être "intrépide", "savant", "attaché à la beauté et au bien", "juste", mais doit être également doté de deux qualités importantes : *"La sincérité, et une disposition naturelle à ne point admettre volontairement le mensonge, mais à le haïr et à chérir la vérité... Ainsi nous n'admettrons jamais une âme oublieuse parmi les âmes propres à la philosophie, car nous voulons que celles-ci soient douées d'une bonne mémoire"* (3).

Henri Corbin, soucieux de rencontrer "l'âme persane", avait dès le début une fausse adresse : "l'Académie impériale de philosophie", et "l'hôtel Chah Abbas d'Ispahan". Il était à tel point fasciné par le "mundus imaginalis" de Sohravardi, qu'il avait "oublié" que le "roi-philosophe" de l'Iran au vingtième siècle, le Chah, ne ressemblait en rien au "roi-philosophe" de Platon et de Sohravardi. Il était si "consciemment dupé", qu'il ne voyait ni la corruption et l'oppression du "roi-philosophe" du vingtième siècle, ni l'existence des milliers de prisonniers politiques ! Il avait oublié que du point de vue philosophique "l'accident" ou "l'événement" ont lieu sur cette terre sans valeur, et non pas dans le monde doux et lumineux du "mundus imaginalis". Autrement dit, le philosophe qu'il prisait tant, Sohravardi,

---

1) SOHRAVARDI, Chahâb al-din : *Oeuvres en persan*, Ed. S.H. Nasr, Téhéran, p. 186 et ss.
2) Ayâtollah Khoméyni : *Charhé doâyé Sahar*, Téhéran, 1980, p. 105.
3) PLATON : *La République*. Paris, GF-Flammarion, 1966. Livre VI/485-486, p. 242-244.

avait été assassiné en 1191 dans la prison d'Alep selon l'ordre de Saladin, et le jeune poète Khosrow Golesorkhie fut exécuté en 1973 à Téhéran, tout ceci sur le monde terrestre et non dans le "mundus imaginalis".

C'est ainsi que le philosophe et le poète iranien (et pourquoi pas non iranien ?) ont toujours été habillés en martyr. Autrement dit, avant qu'ils aient élaboré un "système", ils ont été conduits à l'abattoir.

Dans une interview à RTL (vers la fin de la décennie 1980 ou le début de la décennie 1990 ?), Yehudi Menuhin, le célèbre violoniste d'origine russe, affirmait que l'idéal d'un Chinois est de devenir un "sage", celle d'un Indien était de se rehausser au rang d'un "saint" et celle d'un Russe de devenir un "martyr". Autrement dit, les Russes prenaient plaisir dans la mortification et le masochisme. Si Menuhin s'intéressait au pays voisin de la Russie, il aurait répété la même phrase en y ajoutant le nom de l'Iran à celui de la Russie.

Hegel, et après lui de nombreux spécialistes de "la race aryenne", affirme qu'un aryen ne peut sauver son âme sans préalablement avoir sacrifié son corps (1).

S'il en est ainsi, c'est-à-dire s'il est permis de voyager de "la réalité" au "rêve", il serait préférable de voyager de l'histoire vers la mythologie, à condition de revenir à la réalité, à l'histoire.

Dans la conscience des Occidentaux, héritiers de la mythologie grecque, Hippolyte est le symbole de la chasteté et de la perfection. La conscience des Occidentaux et celle de ses élites a toujours fait et continue de faire référence à Hippolyte; Euripide, Racine, Flaubert, Dostoïevski et même

---

1) HEGEL : *La philosophie de l'histoire*, p. 115-116.

Tchekhov en ont parlé (1).

Hippolyte, fils de Thésée, roi d'Athènes, refuse l'amour de Phèdre, l'épouse de son père. Sa belle-mère l'accuse alors mensongèrement d'avoir voulu abuser d'elle. Thésée, aveuglé par la colère, ordonna l'exil de son fils. Sur le chemin de l'exil, le char d'Hippolyte est renversé et lui-même tué sous le sabot des chevaux. Lorsque le corps inerte d'Hippolyte est ramené auprès de son père, celui-ci prend conscience de son erreur, mais ses regrets ne peuvent plus ramener son fils à la vie. Hipollyte d'Euripide dit : "Jamais vous ne verrez homme plus vertueux quoiqu'en pense mon père" (2). Et Hipollyte de Racine déclare : "J'ai poussé la vertu jusqu'à la rudesse" (3). Et Artémis, ami fidèle d'Hipollyte, l'interpelle en ces termes : "C'est la noblesse de ton coeur qui t'as perdu" (4).

Mais si l'Universel existe, comme le croyait Platon, la "nature humaine" devrait également exister. C'est pourquoi face à Hippolyte, le Siavach iranien existe également (5).

La tragédie de Siavach ressemble étonnement à celle d'Hippolyte, et le triangle Kavouss, Soudâbeh, Siavach,

---

1) EURIPIDE : Tragédies complètes. *Hippolyte*. Paris, Editions Gallimard, 1962.
- FLAUBERT : *Madame Bovary*. Paris. Livre Club Diderot, 1968, Deuxième partie/XI, p. 199...
- RACINE : *Phèdre*. Nouveaux classiques Larousse. Paris, 1965.
- DOSTOIEVSKI : *L'idiot*, Paris, Librairie Générale Française, 1972.
- TCHEKHOV : *Oeuvres complètes*. Bibliothèque de la Pléïade. Gallimard, Paris. (Hippolytytch, in : Le professeur de lettres (1894); Tome III, pages 319-345.
2) EURIPIDE : *Tragédies*, p. 257.
3) RACINE : *Phèdre*, p. 90.
4) EURIPIDE : *Tragédies*, p. 269.
5) L'histoire de Siavach a été rapportée dans l'Avesta (Yassnâ XI/7) et dans certaines sections des Yashts, mais sa description la plus complète a été exposée par Ferdowsi dans *le Livre des Rois*. Plus récemment, Chahrokh Mescoub a rédigé un ouvrage fort intéressant à propos de Siavach : *Sougué Siavach*, Téhéran, Ed. Kharazmi, 1971.

rappelle le triangle Thésée, Phèdre, Hippolyte. Cependant, la tragédie de Siavash comporte des caractéristiques absentes dans la tragédie grecque. Par exemple la scène de la séduction de Soudâbeh et ses tentatives pour s'approprier Siavach, ressemblent davantage à l'histoire de Joseph dans la Bible et le Coran. De même l'épreuve du feu de Siavach et sa traversée à travers les flammes, prouvant son innocence, ressemblent étrangement à l'histoire du Prophète Abraham (dans la culture islamique) et son épreuve du feu. De même que sa mort ressemble à celle de Saint Jean-Baptiste dans l'Evangile.

Siavach est fils de Kavouss, roi de l'Iran. Il est non seulement le plus beau, mais le plus "vaillant", le plus "intelligent" et le plus "vertueux" des jeunes Iraniens. Siavach rejette l'appel d'amour de sa belle-mère, Soudâbeh. Celle-ci se plaint auprès de Kavouss, accusant son fils d'avoir voulu la posséder. Pour prouver son innocence, Siavash traverse le feu et en sort indemne, car le feu, la lumière, ne peut brûler la lumière.

Kavouss décida alors de châtier Soudâbeh en la faisant exécuter. Mais Siavach demanda à son père de la gracier. Afrâsiâbe, roi de Tourân attaqua l'Iran. Siavach demande à son père de le désigner pour l'affronter. Siavach sort vainqueur de la guerre. Afrâsiâbe est contraint d'accepter la paix lui laissant comme otages quelques dizaines de ses proches. Siavach accepte et signe le traité de paix. Kavouss demande alors à son fils de rompre le traité, de conquérir Tourân et d'envoyer les otages vers l'Iran pour qu'ils y soient exécutés.

Siavach, dont l'"essence est de lumière", ne peut donc accepter de rompre un traité, désobéit à son père. Il se rend auprès d'Afrâsiâb et épouse sa fille Faranguisse. Or Garssivase, le frère d'Afrâsiâbe, ne portant pas Siavach dans son estime, tourmentait l'esprit de son frère Afrâsiâbe par des propos malveillants. Afrâsiâbe finit par accepter. En vertu de son ordre, on décapita Siavash. Là où le sang de

Siavash avait coulé, le sang continuait à jaillir de la terre. Malgré tous les efforts pour le colmater, la terre continuait à cracher le sang. Sur ce point une plante, le capillaire, fit son apparition. Après la mort de Siavash, Faranguisse met au monde un garçon, du nom de Kaykhossrow, héritant du cheval et des armes de son père, afin de venger la mort de celui-ci dans un proche avenir. C'est Kaykhossrow qui, comme nous l'avons indiqué, sera promu par Soharvardi au rang de prophète.

Si Hippolyte a toujours été présent dans la conscience des "élites" occidentales, Siavach a été si profondément incrusté dans la pensée iranienne que non seulement les élites mais également les populations des campagnes et les nomades des endroits les plus éloignés de l'Iran continuent à célébrer son souvenir. La plante qui poussa sur le lieu de son exécution est demandée aujourd'hui encore aux herboristes et utilisée comme médicament.

Qu'on le nomme "Siavochân" ou le deuil de Siavach, la mortification, le masochisme, ou le culte du martyr, peu importe. La vertuosité et la perfection de ce mythe englobant toutes les conditions sine qua non du roi-philosophe de Platon se sont infiltrées une fois pour toute dans la profondeur de la conscience des peuples iraniens.

Pour élucider plus explicitement l'importance et la profondeur de la présence de Siavach dans la conscience des Iraniens, il serait peut-être préférable de comparer sa mort avec celle de Saint Jean-Baptiste. Cette comparaison permet de relater certaines caractéristiques de l'âme persane.

La mort tragique de Saint Jean est décrite aussi bien par l'Evangile que par de nombreux écrivains occidentaux à l'exemple de Flaubert et d'Oscar Wilde.

Ecoutons d'abord l'Evangile selon Saint Marc :

"Le roi [Hérode] *dit à la jeune fille :*
"Demande-moi ce que tu voudras, je te le

donnerai." Il lui en fit même serment : [...] fût-ce la moitié de mon royaume". [...] "Je veux qu'à l'instant vous me donniez, sur un plat, la tête de Jean-Baptiste". Le roi en eut beaucoup de peine ; mais, à cause du serment et des invités, il n'osa pas lui refuser. Sur-le-champ, il manda un satellite avec ordre de lui apporter la tête de Jean. Le satellite s'en fut le décapiter en prison et il apporta sur un plat la tête, qu'il remit à la jeune fille, et la jeune fille à sa mère. Ce qu'ayant appris, ses disciples [de Jean] vinrent enlever le corps, qu'ils placèrent dans un tombeau" (1).

Le récit de Flaubert de l'histoire de Jean, surnommé Hérodias, écrit en 1877, porte l'empreinte de son propre style, englobant de nombreux détails et une remarquable reconstitution des événements :

"La lame aiguë de l'instrument, glissant du haut en bas, avait entamé la mâchoire. Une convulsion tirait les coins de la bouche. Du sang, caillé déjà, parsemait la barbe. Les paupières closes étaient blêmes comme des coquilles ; et les candélabres à l'entour envoyaient des rayons.

Elle arriva à la table des prêtres. Un Pharisien la retourna curieusement ; et Mannaëi [le bourreau], l'ayant remise d'aplomb, la posa devant Aulus, qui en fut réveillé. Par l'ouverture de leurs cils, les prunelles mortes et les prunelles éteintes semblaient se dire quelque chose.

... A l'instant où se levait le soleil, deux hommes, expédiés autrefois par Iaokanann, survinrent, avec la réponse si longtemps espérée.

Ils la confièrent à Phanuel, qui en eut un ravissement.

Puis il leur montra l'objet lugubre, sur le

---

1) Evangile selon Saint Marc (VI, 14-30).

plateau, entre les débris du festin. Un des hommes lui dit :
"Console-toi ! Il est descendu chez les morts annoncer le Christ !"
... Et tous les trois, ayant prit la tête de Ioakanann, s'en allèrent du côté de la Galilée.
Comme elle était très lourde, ils la portaient alternativement" (1).

Dans la reconstitution du temps, du lieu et des personnages, c'est-à-dire la Palestine des premières années de l'ère chrétienne, Flaubert a utilisé sa maîtrise peu courante et "impitoyable" qu'il avait déjà démontrée plusieurs années auparavant (en 1862) dans la reconstitution de Carthage, à travers son roman *Salambô* où il décrit le massacre des mercenaires ordonné par Hamilcar.

Le récit d'Oscar Wilde est plus simple et plus court que celui de Flaubert :

"Un grand bras noir, le bras du bourreau, sort de la citerne, apportant sur un bouclier d'argent la tête d'Iokanaan. Salomé la saisit, Hérode se cache le visage avec son manteau. Hérodias sourit et s'évente. Les Nazaréens s'agenouillent et commencent à prier" (2).

Après ces trois récits chrétiens de l'histoire de Jean, écoutons celui d'un Iranien :

"Et un jour, ce roi [Hérode] s'était enivré, et cette fille [Salomé] était près de lui, et le roi décida de la courtiser et de la posséder et la fille se refusait, et disait : Je ne me donnerai à toi que

---

1) FLAUBERT : *Trois contes* (Hérodias). Paris, Classiques Larousse, 1973, p. 115-116.
2) OSCAR WILDE : *Oeuvres* (Salomé). Paris. Editions Stock, 1977, p. 503.

lorsque tu ordonneras qu'on m'apporte la tête de Yahyâ [Jean]. Et le roi envoya ses serviteurs et on lui apporta la tête de Yahyâ. La tête de Yahyâ était vivante et elle disait : il n'est pas permis d'épouser sa nièce. Et la tête de Yahyâ continuait à parler, ce sang bouillonnait, on essayait de le couvrir de terre, mais le sang remontait à la surface et continuait à bouillonner. La nouvelle du sang de Yahyâ se propagea et les peuples disaient que le roi Hérode s'est allié aux malveillants qui ont assassiné Yahyâ, mais son sang ne s'arrête point et continue à bouillonner".

N'est-il pas étonnant ? Ce n'est pas l'histoire de Jean, mais un récit qui se situe entre l'histoire de Siavach et celle de Jean. Plus étonnant encore : le rapporteur de cette histoire n'est ni chroniqueur, ni poète, ni romancier. Le rapporteur est Mohammad Ibn Djarir Tabari (923-839), le commentateur le plus éminent et le plus crédible du Coran dans l'histoire de l'Islam (1).

La présence de Siavash dans la profondeur de la "conscience iranienne" est à ce point notable que même le saint Tabari, le persan, n'a pas pu s'en détacher et dans son récit de l'histoire de Jean, il a confondu Siavash avec Jean, attribuant le sang bouillonnant du premier au second. Autrement dit, l'aboutissement de l'histoire de Jean selon Tabari ne ressemble en rien au récit de l'Evangile. C'est en réalité une copie du mythe de Siavach.

C'est ainsi que dans "l'esprit iranien", le philosophe, le mythe, le vertueux, le juste, la perfection, l'histoire et le martyr sont confondus. Aussi, lorsque selon les ordres du calife corrompu omeyyade, le troisième Imâm des chi'ites fut sauvagement décapité (680), la "personnalité historique"

---

1) Mohammad Ibn Djarir Tabari : *Tafssiré Kabir* (le grand commentaire coranique). Ed. Habib Yaghmâï. Téhéran, Presses Universitaires, 1960, premier volume, p. 210.

se déplaça au côté du "mythe". C'est pourquoi les Iraniens célèbrent aussi bien "le deuil de Siavach" que "le deuil de Hossein" et pleurent leur destin. C'est ainsi que les philosophes des territoires islamiques ont bénéficié simultanément du "mythe" et de "l'histoire". Ils ont vécu en permanence à la lisière de la "philosophie" et du "martyr". Le rapporteur de l'histoire ci-dessous est Chaykh Bahâ'ï (1546-1622), fondateur de "l'Ecole d'Ispahan" :

> *"Shaykh Aref Madjd al-din Baghdâdi a dit : J'ai rêvé le Prophète et je lui ai demandé : Que dites-vous d'Avicenne ? Il répondit : Ce fut un homme qui voulut atteindre Dieu sans passer par mon intermédiaire et je l'empêchai - de cette manière - par ma main et il bouscula dans le feu ... Mowlânâ Djamâl al-din a dit également ... J'étais dans la mosquée de Mossoul ... je m'endormis ... Je rêvai du Prophète. Je lui ai demandé : O ! Prophète d'Allah ! Que dis-tu d'Avicenne ? Il dit : Ce fut un homme que Dieu égara. J'ai demandé encore : Que dites-vous de Chahâb al-Din [Sohravardi] qui fut tué ? Il répondit : lui aussi suivait Avicenne ..."* (1).

Est-il nécessaire de rapporter les détails de la mort tragique de Sohravardi (1191) dans la prison d'Alep, ordonnée par Saladin ? Est-il nécessaire de franchir les limites géographiques des langues iraniennes pour se rendre à Cordoue en Espagne et rappeler le triste destin d'Averroès, le plus éminent philosophe aristotélicien arabe ? Le narrateur de l'histoire est Ibn Arabi, le père de la mystique islamique :

> *"...Je n'eus plus l'occasion de le rencontrer jusqu'à sa mort qui survint en l'année 595 de*

---

1) Fahri, S.A. : *Parvâz dar Malakout* (comprenant les rites de la prière d'Imâm Khoméyni). Téhéran, Ed. de Nehzaté Zanâné Mossalmân, 1980, Vol I, p. 178.

l'hégire (= 1198) à Marâkesh. Ses restes furent transférés à Cordoue, où est sa tombe.

Lorsque le cercueil qui contenait ses cendres eût été chargé au flanc d'une bête de somme, on plaça ses oeuvres de l'autre côté pour faire contrepoids. J'étais là debout en arrêt ; il y avait avec moi le juriste et lettré Abû'l-Hosayn Mohammad ibn Jobayr, secrétaire du Sayyed Abû Sa'îd (prince almohade), ainsi que mon compagnon Abû'l Hakam 'Amrû ibn al-Sarrâj, le copiste. Alors Abû'l-Hakam se tourna vers nous et nous dit : Vous n'observez pas ce qui sert de contrepoids au maître Averroës sur sa monture ? D'un côté le maître (imâm), de l'autre ses oeuvres, les livres composés par lui." Alors Ibn Jobayr de lui répondre : "Tu dis que je n'observe pas, ô mon enfant ? Mais certainement que si. Que bénie soit ta langue !" Alors je recueillis en moi (cette phrase d'Abû'l-Hakam), pour qu'elle me soit un thème de méditation et de remémoration. Je suis maintenant le seul survivant de ce petit groupe d'amis - que Dieu les ait en sa miséricorde - et je me dis alors à ce sujet : D'un côté le maître, de l'autre ses oeuvres. Ah ! comme je voudrais savoir si ses espoirs ont été exaucés !" (1).

---

1) Muhyyedin Ibn Arabi : *Al Fotouhât al Makiya* (les illuminations de la Mecque). Beyrouth, Ed. Dâr al Sâder, sans date. Premier volume, p. 154. Etant donné qu'Henri Corbin a traduit ce passage en français (bien que cette traduction reflète certaines erreurs par rapport au texte arabe), nous nous sommes contentés d'utiliser la traduction de Corbin :
Henry CORBIN : *L'imagination créatrice dans le soufisme de Ibn Arabi*. Paris, Flammarion, 1958, p. 34-36.
Il est à noter que S.H. Nasr a rédigé un ouvrage en anglais intitulé *Trois sages musulmans* (Avicenne, Sohravardi, Ibn Arabi). Dans cet ouvrage, il a emprunté ce passage du livre de Corbin et l'a traduit en anglais. Autrement dit, il a composé ce chapitre de son ouvrage non pas sur la base de sources de première main c'est-à-dire les oeuvres de Ibn Arabi,

Même Ghazali, l'ennemi irréductible de la "raison grecque" et défenseur enthousiaste de la "révélation coranique" tremble face aux autorités (les rois Séldjoukides et les religieux intégristes). Lorsque vers la fin de sa vie, le plus éminent penseur de l'Islam sunnite avait laissé pour compte la grandeur et la fastuosité de Bagdad et les faveurs et la grâce du calife et du roi Séldjoukide pour s'isoler et vivre comme un mystique dans son village natal de Tous, les religieux intégristes se rendirent près du Sultan Sandjar et le montèrent contre Ghazali, affirmant "qu'il a commis l'insolence de critiquer les opinions d'imâm Hanbal, qu'il est partisan de la philosophie grecque et de la lumière zoroastrienne". Sandjar, fou de colère, envoya une missive auprès de Ghazali pour que ce dernier se rende immédiatement à la cour pour s'expliquer. Ghazali se voit contraint de refuser et d'écrire au sultan Sandjar :

> *"Sache que j'ai 53 ans, que pendant 40 ans, j'ai plongé dans l'océan des sciences, et j'ai atteint un niveau tel que mes paroles sont supérieures à la compréhension de la plupart des gens. J'ai vécu vingt ans sous le règne du roi martyr et j'ai bénéficié de ses bontés à Ispahan et*

---

mais sur la base des sources de seconde et de troisième main. C'est pourquoi dans son écrit et dans la traduction persane de ce livre il existe des erreurs impardonnables.
Par exemple il fait allusion à la phrase d'Averroès, "il n'y a de force qu'en Dieu", en la citant comme un verset coranique. D'après notre connaissance cette phrase est une rituelle et non point un verset coranique. Ou encore il n'a pas convenablement compris le terme arabe "Yâ valadi" (O mon fils) bien qu'il ait possédé la traduction de Corbin. Ainsi dans la traduction persane de son ouvrage, la phrase "Tu dis que je n'observe pas, ô mon fils ? Mais certainement que si". s'est transformée en : "Tu dis que je n'observe pas mon fils ? Mais certainement que si !"
Nasr, S.H. : *Sé hakimé mossalman* (Trois sages musulmans). Téhéran, Livre de poche, 1973, p. 113.

Bagdad. J'ai joué à plusieurs reprises le rôle d'ambassadeur entre le Sultan et le Calife. Dans la science de la religion j'ai composé près de 70 livres et donc j'ai pu voir le monde tel qu'il était. J'ai tout abandonné et je suis resté une certaine période à Jérusalem et à la Mecque. J'ai juré sur la tombe du Prophète Abraham de ne plus jamais me rendre auprès d'un quelconque sultan, de ne plus jamais me faire entretenir par un sultan et de ne plus jamais participer aux discussions, et depuis douze ans j'ai tenu parole". (1).

Et pourquoi ne pas parler de Mollâ Sadrâ ? A partir du XIXème siècle sa pensée s'éleva au rang de la pensée officielle des centres d'enseignements théologiques chi'ites. De son vivant, en revanche, il fut l'objet d'attaques virulentes et fut excommunié par les religieux intégristes. Il fut obligé d'abandonner son domicile et d'errer à travers les villes et les villages du pays. La lettre douloureuse de Sadrâ à son maître, Mir Dâmâd, n'a pas besoin d'être commentée :

"... Et ce qu'il convient d'exposer à notre maître prestigieux et notre guide généreux, ce qu'il nous fut possible de réaliser durant les jours de séparation et d'épreuves, d'exil et de frustration..." (2)

Durant la première moitié du XIXème siècle, dans la

---

1) GHAZALI : *Fazâîl al anâme* (les mérites des gens, connu sous le nom de "correspondance persane"). Téhéran. Ed Moayyédé Sâbéti, 1954, p. 9-10.
2) MOLLA SADRA : *Nâmé bé Mir Dâmâd* (Lettre à Mir Dâmâd). Mach'had, Nâméyé âstâné Ghodss, n° 9, 1961, p. 59-62.

ville de Ghazvine, un religieux du nom de Baraghâni, avait excommunié Chaykh Ahmad Ahsâï, dirigeant de l'Ecole Shaykhisme, pour avoir été en concordance avec Sadrâ, tandis qu'à Ispahan, Aghâ Nadjafi, religieux connu et influent, tenait le "Massnavi", oeuvre de Mowlavi, le plus éminent mystique de l'Iran, avec des pincettes et le jetait dans l'eau, afin de ne pas se salir les mains.

Pendant la seconde moitié de ce même siècle, le meurtre tragique du jeune philosophe Kermâni (1854-1896), le plus lucide des penseurs iraniens du XIXe siècle, renouvela dans les esprits l'histoire de Siavach et de Jean :

> "... *Mohammad Ali Mirzâ* [Le prince héritier], *accompagné de son bourreau, se rendit à leur chevet et commença à les interroger. Il ne reçut aucune réponse claire et précise. Il se mit alors en colère, les insulta et les traita de "bâbi et d'assassins du roi martyr". Hâdj Cheikh Ahmad* [Rouhi], *de nature passionnée, l'insulta à son tour... il* [Rouhi] *fît lui-même signe au bourreau de s'approcher, lui demandant de commencer par lui afin d'être le premier à être tranquillisé. Lorsque le bourreau s'approcha de lui, Mirzâ Aghâ Khân* [Kermâni] *s'accrocha à lui, demandant à être le premier. Le bourreau s'avança alors vers Mirzâ Aghâ Khân, mais se fît supplier par Hâdj Mirzâ Hassan Khân [Khabir al-Molk] qui demanda à être le premier. Le bourreau resta un moment égaré avant d'exécuter successivement Rouhi, Kermâni et Khabir al-Molk. Amin al-Sultân* [le chancelier de l'époque] *ordonna de les scalper, de remplir leurs crânes de farine et de les envoyer à Téhéran...*" (1).

---

1) NAZEM AL-ISLAM KERMANI : *Târikhé bidâriyé irâniân* (Histoire de l'éveil des Iraniens). Téhéran, Fondation de la Culture Iranienne,

Pourquoi ne pas parler du physicien et philosophe Erâni qui, en 1939, dans la prison du père du Chah, mourut de la même maladie que Robert Desnos, dans les camps de concentration allemands : le typhus ! et du penseur et historien Kasravi tué en 1946, dans le palais de Justice, par les fanatiques !

Et le dernier et non le moindre ! Ehsan Tabari (1916-1989) qui fut arrêté au printemps 1983 et mourut en 1989 dans la prison d'Evine. Durant cette période, il subit plusieurs crises cardiaques et cérébrales paralysant son corps. Philosophe, poète, romancier, auteur dramatique, politicien, l'esprit raffiné, intelligent et très cultivé, maitrisant plusieurs langues européennes, Tabari fut le secrétaire du parti stalinien du Toudeh et l'un de ses fondateurs. Durant toute sa vie il dut supporter le poids de l'ambivalence : d'un côté il était un "philosophe" et un "poète" louant la "vérité" et la "beauté", et de l'autre un politicien, se trouvant à la tête d'une organisation stalinienne qui se voyait obligé de couvrir ou de justifier de nombreux "crimes" et "machinations sombres" !

Cependant, si Kermâni fut l'intellectuel iranien le plus lucide du XIXe siècle, Tabari était sans doute, avec Hédayat, l'intellectuel le plus lucide et le plus éminent de ce pays au XXe siècle.

Laissons la parole à Laurence Deonna, journaliste suisse qui fut la seule personne à avoir rencontré Tabari en prison. En dehors des geôliers, elle fut la seule personne qui franchit en 1985 la grande porte de la prison d'Evine, porte ornée de cette phrase d'Imâm Khoméyni, en persan et en anglais : "Les prisons doivent être des lieux d'éducation" :

"Et puis le miracle a eu lieu. Devant moi, enfin des portes s'ouvrent et se referment, claquent et reclaquent, nos pas qui résonnent,

---

1967, premier volume, p. 14-15.

mon coeur qui bat. Encore un corridor, encore un escalier, encore une poste... Ehsan Tabari est là.

Ebloui par les flashes, il se tient debout, les mains pendant le long du corps. Une chemise et un pull trop larges flottent autour de lui. L'air et la lumière du jour ne se faufilent dans la cellule qu'à travers une minuscule lucarne. Une ampoule brûle au plafond éclairant des papiers sur une table.

C'est d'une main tremblante que je tends mon micro à celui qui fut si beau, qui fit tourner tant de têtes et dont les livres ont entraîné tant d'esprits. Voûté, amaigri, la peau humide et cireuse, Ehsan Tabari paraît davantage que ses soixante-huit ans. Une attaque lui a paralysé la moitié du visage et il parle avec peine. Seuls ses yeux ont l'air de vivre. Bientôt trois ans que ses juges n'ont toujours pas prononcé leur verdict, qu'il ne sait pas de quoi demain est fait, s'il sera mort ou vivant. Entre l'aristocrate-communiste et la journaliste venue de si loin pour le voir, la conversation a lieu en français.

- Voyez, je lis d'ailleurs dans votre langue. On ne cesse de me procurer de la bonne lecture... Là, sur la table, ce magazine en français, Le Messager de l'Islam...

Cette parodie d'interview n'aura duré que quelques minutes, mais je ne l'oublierai jamais. Quelles que soient vos opinions politiques, il est pathétique d'entendre un grand penseur du communisme vous déclarer d'une voix brisée :

- Oui madame, c'est ainsi, j'ai accepté. J'ai accepté l'idéologie politique et sociale de l'Islam" (1).

---

1) Laurence Deonna : *Du fond de ma valise*. Boudry-Neuchâtel (Suisse), Editions de la Baconnière, 1989, p. 132-141.

Le jugement d'Iqbâl Lahouri quant à la faiblesse de l'"âme iranienne" dans l'élaboration d'un "système de pensée" a-t-il reçu une réponse convenable ? Nous ne le savons pas avec certitude. Ce que nous savons c'est que pour l'âme iranienne se cacher derrière "Siavach", le mythe, signifie la négation de "l'histoire" et de "l'homme historique". Autrement dit, si l'"esprit iranien" se réfugie dans le mythe, c'est que dans "la culture" et "la conscience" iraniennes, les mots "philosophe" et "martyr" s'identifient. L'"esprit iranien" qui a subi la tyrannie de l'histoire, rejette "l'histoire" et "l'homme historique" et se propulse dans "le monde de la mythologie". Mircea Eliade avait parfaitement raison de faire allusion à "la terreur de l'histoire" (1).

Si ce qui était appelé hier "superpuissance" et aujourd'hui "le nouvel ordre mondial" a eu le pouvoir de faire disparaître la Palestine de la carte, de noyer dans le sang Budapest et Prague, de déchiqueter l'Inde antique et de créer "la République Islamique du Pakistan" et "la République Islamique du Bangladesh", de transformer un puit de pétrole en un "pays" nommé Koweit, en revanche, il est incapable de transformer en une nuit ou en quelques décennies la mentalité d'un peuple formé tout au long des millénaires. Toute l'histoire de l'Iran (et pourquoi pas des autres pays islamiques ?) abonde d'oppression, ce qui rend difficile la distinction entre philosophes et martyrs et prépare le terrain à toutes les pensées apocalyptiques.

Un dernier exemple de ce type de pensée est celui d'Al-e Ahmad (1923-1969), dont le qualificatif "ancien" joue un rôle considérable dans sa carrière. Ancien musulman (fils d'ayatollâh), ancien kasraviste (partisan de Kasravi, le réformiste), ancien communiste, ancien socialiste (membre de la direction du mouvement socialiste, "troisième force") et enfin musulman durant les derniers jours de sa vie.

---

1) Mircea Eliade : *Le mythe de l'éternel retour*. Paris, Gallimard, 1991, p. 158-182 (Chapitre IV, La terreur de l'histoire).

Dans l'ouvrage *Occidentalite*, publié en 1962, peu avant le soulèvement de l'ayatollâh Khoméyni contre le Chah (le père d'Al-e Ahmad était un ami proche de l'ayatollâh Khoméyni), l'auteur présente d'une part le bilan noir du colonialisme dans le tiers-monde, et d'autre part la tyrannie et la corruption des rois en Iran. Il préconise le retour à "la tradition" : le seul chemin conduisant à la libération de l'Iran et du monde islamique. C'est dans ce réquisitoire contre "l'ère moderne" que l'auteur demande clairement aux dirigeants religieux d'assumer leur devoir religieux, de se soulever contre les rois et de conquérir le pouvoir.

Est-ce que, comme l'affirment les partisans actuels d'Al-e Ahmad dans la République Islamique d'Iran, il avait eu une conception prémonitoire ? Ou peut-être ses opposants ont-ils raison d'affirmer qu'Al-e Ahmad ressemblait à un médecin ayant diagnostiqué la maladie, mais au lieu d'envoyer le malade chercher ses médicaments auprès du pharmacien, il l'a dirigé vers l'herboriste ? Car l'angine doit être guérie avec des antibiotiques et non grâce à la bourrache, sinon le résultat serait un rhumastisme qui provoquerait des douleurs profondes !

Que les premiers aient raison ou les seconds, la pensée d'Al-é Ahmad est profondément apocalyptique. Rappelons les dernières lignes de son ouvrage :

> *Je parle ici non en Oriental, mais comme un musulman des premiers temps qui croyait à la Révélation et qui pensait assister, avant de mourir, à la Résurrection de toutes les créatures pour le jugement dernier, et je constate humblement que Camus, Ionesco et Bergman, et bien d'autres créateurs, tous issus du monde occidental, sont les annonciateurs de la Résurrection, tous aussi désenchantés par la fin qui attend l'humanité. L'Erostrate de Sartre tire sur les gens dans la rue, les yeux fermés ; le*

héros de Nabokov écrase les gens avec sa voiture et le Meursault de l'Etranger tue uniquement parce que le soleil brûle. Toutes ces fins de récits sont la fin réelle de l'humanité. Si celle-ci ne veut pas se faire écraser par la machine, il lui faut revêtir la peau du rhinocéros. Et je vois que toutes ces fins promettent l'heure dernière qui, de la main de ce monstre qu'est la machine (si nous n'arrivons pas à le dompter en mettant son âme en bouteille), a posé sur le chemin des hommes, tout au bout, la bombe H !

Aussi, purifierai-je ma plume par ce verset : "Lorsqu'approche l'heure du jugement, la lune se fissure..." (Coran, S 54, V 1) (1).

---

1) Al-e Ahmad, Djalâl : *Gharbzadéghi* (Occidentalisation). Téhéran, 1962, p. 227.
La traduction française de cet ouvrage est disponible sous le titre :
Djalâl Al-e Ahmad : *L'Occidentalite*, traduction du persan par F. Barrès-Kotobi et M. Kotobi et D. Simon. Paris, Editions L'Harmattan, 1988.
L'ouvrage d'Al-e Ahmad a été publié en 1962 et sa traduction française a été réalisée en 1988. Dans l'introduction française de cet ouvrage, les traducteurs ont largement évoqué l'influence de la pensée d'Al-e Ahmad sur la révolution islamique. Le délai de 26 ans entre sa parution en langue persane et sa traduction en français semble relativement long ! Par ailleurs, malgré le désir d'Al-e Ahmad, de son vivant, et en dépit des attentes de ses proches et de ses adeptes, la traduction française d'*Occidentalite* ne provoqua pas l'énorme tempête escomptée. Loin de là. Un autre point important : l'ouvrage d'Al-e Ahmad constitue un réquisitoire non seulement contre l'Occident, l'impérialisme occidental et ses acolytes, les rois et les chefs d'Etat des pays africains, asiatiques et d'Amérique latine, mais également une mise en accusation de "l'orientalisme", des "orientalistes" européens et américains. La vérité est que durant les cinquante dernières années, on n'a jamais aperçu la signature d'un iranologue en bas d'une lettre de contestation ou d'une pétition ! Cela peut-être parce que les instituts d'iranologie aussi bien dans les pays communistes que dans les pays capitalistes ressemblaient davantage à des services dépendant des ministères des Affaires Etrangères des pays concernés qu'à de véritables instituts de recherches

Quel rapprochement peut-il exister entre la pensée apocalyptique occidentale (Camus, Sartre, Ionesco, Bergman et Nabokov) et la pensée islamique soutenue par Al-e Ahmad ? Quelle relation peut exister entre les "enseignements coraniques" et les "préceptes évangéliques" ? La pensée apocalyptique des intellectuels occidentaux provient des "préceptes évangéliques", et en particulier de l'"apocalypse de Jean". Et les "préceptes coraniques" ? Il semble que les "préceptes coraniques" se trouvent dans le pôle opposé des pensées apocalyptiques. La "philosophie coranique" est une "philosophie" optimiste, sans aucun rapport avec l'"apocalypse" dans son sens occidental. Toute la "philosophie coranique" est, en effet, fondée sur la victoire "finale" de la "vérité" sur le "faux" : "Nous lançons la Vérité contre le Faux et elle l'atteint à la tête et le voici à terre" (S 21/V 18).

Le Coran exprime la lutte entre "la Vérité" et "le Faux" de manière allégorique. La pluie, envoyée par Dieu, se transforme en torrent, recouvert d'écume, de même que lors de la fonte des métaux, la surface du liquide en est recouverte. Mais cette écume disparaît tôt ou tard et l'eau limpide ou les métaux précieux voient le jour. Le Coran fait référence à l'écume en tant que "faux" et à l'eau limpide et aux métaux en tant que "vérité" (S 13).

En outre, une des croyances des chi'ites réside dans la foi à l'occultation du douzième Imâm au XIXe siècle. Sa parousie aura lieu lorsque le monde sera couvert de "corruption et d'oppression". La mission du douzième Imâm consisterait alors à rétablir la justice et le gouvernement de la "Vérité" sur terre. Une telle théologie ou "philosophie" optimiste peut-elle être liée à la bombe H et à l'apocalypse ?

Il semble que le plus "orientaliste" intellectuel musulman contemporain a été, en réalité, le plus "occidentaliste" d'entre eux ! Le pessimisme d'Al-e Ahmad

---

universitaires !

provenait de sa haine profonde du "Temps moderne" et c'est cette même haine qui le poussa vers l'extrême, la même haine qui conduisit à l'extrême un groupe de génies tels que Hamsun, Céline (son ouvrage *Voyage au bout de la nuit* avait la faveur d'Al-e Ahmad), Heidegger et Ezra Pound (1). S'il en fut ainsi du destin de ces éminents intellectuels mondiaux, que faudrait-il attendre de l'intellectuel iranien ?

Comme il en est ainsi, nous fermons le chapitre du "philosophe, politicien, martyr", par un poème composé par Ehsan Tabari à l'intention de Pablo Neruda :

Toi l'Homme, arabesque, squelette
Fait de filons de fer et d'artères palpitantes
Dans cette grandiose quête humaine
Combien de fois n'avons-nous pas rencontré
La solitude de la vérité
Et toute notre âme fut embrasée de flammes
Car nous refusions d'être souillés

Tous les mots les plus familiers
Sont aujourd'hui des talismans maudits
Où hurlent du fond de notre poitrine
Le sang et la souffrance
Et ces nuages là-haut sont plus pesants
Que les montagnes
Aussitôt qu'un nuage passe
D'autres plus sombres apparaissent

Nous sommes si loin de l'époque de Siavach et de Jean et les martyrs sont si proches de nous ! Tandis que dans le monde islamique la théologie et la mystique occupent la place qui leur convient, la philosophie n'a pas trouvé sa place convenable et cela peut-être parce que l'Iran et les

---

1) Knut Hamsun : *Auguste le marin*. Paris. Editions Calman-Lévy, 1991.
- Martin Heidegger : *Introduction à la métaphysique*. Paris, Gallimard, 1967.
- Humphrey Carpenter : *Ezra Pound* (Biographie, 1002 p). Paris, Editions Belfond, 1992.

autres pays islamiques avaient davantage besoin d'un Machiavel, d'un Hobbes ou d'un Locke, que d'un Fârâbi, d'un Sohravardi ou d'un Mollâ Sadrâ !

ANNEXE

Le témoignage de Chaykh Bahâ'ï
à propos d'Avicenne et de Sohravardi

Ahmad Fahri : "Parvâz dar Malakout"
(comprenant les rites de prières de l'Imâm Khoméyni)
Téhéran, Ed. de Nehzaté Zanâné Mossalmân, 1980.

ایشان که دنیا است بادیگری باشد وسبب دیگر درازدیست ایشان تشبیه طایفه‌ای ا
جهّال است بایشان در اقوال وافعال ودعاوی خالی از احوال و گرویدن جمعی ا
عوام بدیشان .

عیب ما نیست کر نمی‌بینیم   گوهری درمیان چندین خس . پایان

صاحب مجمع البحرین در لغت سین از شیخ اجلّ بهاءالدین عاملی نقل
میکنند انه قال قال الشیخ العارف مجدالدین البغدادی رایت النّبی صلی الله علیه وسلم فی المنا
فقلت ماتقول فی حق ابن سینا فقال صلی الله علیه وسلم هو رجل ارادان یصل الی الله بلاواسطتی
فحجبته هکذا بیدی فسقط فی النار شیخ عارف مجدالدین بغدادی گوید : پیغمبر
صلی الله علیه وسلم را بخواب دیدم عرض کردم: درباره ابن سیناچه میفرمائید؟ آنحضرت فرمو
او مردی بود که میخواست بدون وساطت من بخدا برسد ومن اورا ـ این چنین ـ
بادستم نگذاشتم پس بآتش در افتاد وشیخ رکن الدین علاء الدوله گفته است من
این حکایت را پیش استاد مولانا جمال الدین میگفتم او گفت: عجب عجب و بعد از
آن فرمود: از بغداد بشام میرفتم تا از آنجا بروم چون بموصل رسیدم شب
در مسجد جمعه بودم چون در خواب شدم دیدم که کسی میگوید که آنجا نمیروی
که فایده‌ای گیری ؟ من نظر کردم جمعی دیدم که حلقه زده‌اند شخصی در میان
نشسته ونوری از سر وی تا با آسمان پیوسته وی سخن میگفت و ایشان می‌شنیدند
گفتم آن کیست؟ گفت حضرت محمّد مصطفی صلی الله علیه وسلم من پیش رفتم و سلام کردم جواب
دادند گفت و مرا در حلقه جای دادند چون بنشستم پرسیدم یا رسول الله ما تقول
فی حق ابن سینا در باره ابن سینا چه میفرمائید ؟ فرمود : رجل اضلّه الله مردی
بود که خدایش گمراه کرد دیگر گفتم ما تقول فی حق شهاب الدین المقتول
در باره شهاب الدین که کشته شد چه میفرمائید ؟ فرمود هو من مستتبعه او نیز
دنباله رو ابن سینا است بعد از آن از علماء اسلام پرسیدم و پس از بیان حال چند
نفر گوید کسی نزدیک من بود گفت از این سؤالها چه میکنی ؟ دعائی درخواست

Le témoignage de l'ayatollâh Khoméyni à propos d'Avicenne

Ayatollâh Khomeiny :
"Tafssiré sourayé mouarakéyé hamd"
(Commentaire de la première sourate du Coran)
Téhéran, Ed. Wahdat, 1983

مختلف ، نور ، ظهور ، نور وظهور اینطور نیست که به یك جهت نور باشد وبه یك جهت ظهور ، ظهور هم عین نور است ونور هم عین ظهور ، البته مثال باز ناقص است وجود مطلق کمال مطلق است کمال مطلق همه چیز مطلق است، همه اوصاف است بطور اطلاق ، بطوریکه هیچ جدائی از آن نمی توانیم فرض کنیم .

قدم مشاهده ؛ جلوتر از برهان است

این بحسب عدم برهان است ، برهان اینطور میگوید . میگویند یکی از عرفا هم گفته است که «من هر جا راه رفتم این کور هم با عصا آمد مقصودش از کور ابوعلی بود شیخ الرئیس بود مقصودش این است که آنهائی که من یافتم برهانا ادراك کرده است و کور است ولی با عصا، عصای برهان را زده و آمده آنجا که من به قدم مشاهده به آنجا رسیده ام بقدم عرفان ، بقدم مشاهده به آنجا رسیده ام هر جا رفتم دیدم این کور هم با عصا آمده است، این است که میگویند: مقصودش از کور بوعلی است .

اصحاب برهان ؛ کورند .

اصحاب برهان همان است که او میگوید همان کورها هستیم آنهائی که اصحاب برهانند همان کورها هستند وقتی مشاهد نباشد، کور است آن وقت بعد از اینکه مسائل را این مسائل توحید مطلق وحدت مطلق بطور برهانی هم که ثابت کردیم که مبدأ وجود ، کمال مطلق است، باز برهان است و محجوبیت پشت دیوار برهان، با کوشش اگر به قلب رسید ، آن را قلب ما این معنا را می یابد کـه « صرف الوجود ، کل الشیء» این را قلب ادراك میکند ، قلب مثل طفل میماند

Le témoignage d'Ibn Arabi à propos d'Averroès

Ibn Arabi : "Al Fotouhât al-Makiya"
Beyrouth, Ed. Dâr al Sâder, sans date, Vol. I.

وجهي ولا أطرٌ شار في فعندنا مادخلت عليه قام من مكانه الى عبةً واعظاما فانفني وقال لي نعم فزاد فرحي
لفهمي عنه ثم اني استبشرت بما أفرحه من ذلك فقلت له الا فانقبض وتغير لونه وشك فما عنده وقال كيف
الامر في الكشف والفيض الالهي هل هو ما أعطانا النظر قلت له نم لا ر بين نم ولا نطر بها لأرواح من موادها
والاعناق من أجسادها فاصفر لونه وأخذه الافكل وقعد يعول وعرف ما أشرت به اليه وهو عين المســـــــألة التي
ذكرها هذا القطب الامام أعني مداوي الكلوم وطلب بعد ذلك من أبي الاجتماع بنا لي عرض ما عنده علي ناهل هو
يوافق أو يخالف فانه كان من أر ا ب الفكر والنظر العقلي فشكر الله تعالى الذي كان في في زماني من دخل خلوته
جاهلا وخرج مثل هذا الخروج من غير درس ولا بحث ولا مطالعة ولا قراءة وقال هذه حالة أثبتناها ومارا ها أر أبابا
قال الدته الذي أنا في زمان فيه واحد من أر بابها الفتحين فالي أبواب الاحدية الذي حسني برؤيته ثم أردت الاجتماع
به مرة ثانية فأقام لي رحمه الله في الواقعة في صورة ضرب بيني و بينه فيها حجاب رقيق أنظر اليه منه ولا يبصرني ولا يعرف
مكاني وقد شغل بنفسه عني فقلت انه غير مراد لنا نحن عليه ما ادمنا فما جفت به حتى في درج ذلك سنة خمس وتسعين وخمسمائة
بمدينة م ا كش ونقل الى قرطبة و بهاقبره ولما جعل التابوت الذي فيه جسده على الدابة جعلت نوا يفه تعادله من
الجانب الآخر وأنا واقف ومعي الفقيه الاديب أبو الحسين محمد بن جبير كاتب السيد أبي سعيد وصاحبي أبو الحكم عمر و
ابن السراج الناسخ فالتفت أبو الحكم الينا وقال الا تنظرون الى, ن يعادل الامام ابن رشد في مي ز كو به بهذا الامام
وهذه أعماله يعني توا يفه فقال له ابن جبير يا ولدي نم ما نظرت الا قض فوك فقيد تها عندي و وعظته ونذ كرة رحم الله
جميعهم وما بقي من تلك الجاعة غيري وقلت في ذلك

هذا الامام وهذه أعماله ✽ يا ليت شعري هل أنت آماله

وكان هذا القطب مداوي الكلوم وقد أظهر سر ج الفلك وأنه لو كان على غير هذا الشكل الذي أوجد الله عليه
لم يصح أن يتكون شيئ في الوجود الذي تحت حيطته و بين الحكمة الالهية في ذلك ليرى الالباب راءة في الاشياء
وانه بكل شي عليم لا اله الا هو العليم الحكيم وفي معرفة الذات والصفات علم ما أشار به هذا القطب فلوترك غير
المستدير لما مر الخلا بحركته وكانت احياز كثيرة تبقى في الخلاء فكان لا يتكون عن تلك الحركة تمام أمر وكان
ينقص منه قدر ما ينقص من ع ا رة ثلاث الاحياز بالحركة وذلك مثبته الله تعالى وحكمته الجار يةفي وضع الاسباب
وأخبر هذا القطب ان العالم موجود ما بين المحيط والنقطة على مراتبهم ومصا فا ت كهم و ظمهم أولا كهم الأقرب اوان المحيط
أوسع من الذي في جوفه فيوما أ كبر ومكانه أفسح ولسانه أفصح والهوا التخفى بالقوة والصفاء أقرب وما
انحط الى العناصر نزل عن هذه الدرجة حتى الى كرة الأرض وكل جزء في كل محيط يقابل ما فوق وما تحته بذا اله لا بد
واحد على الآ خرشي وان اتسع الواحد وضاق الآ خر من ايراد الكبير على الصغير والواسع على الضيق من غير ان
يوسع الضيق أو يضـ ق الواسع والكل بنظر الى النقطة بذواتهم والنقطة مع صغر ها تنظر الى كل جزء من المحيط بها
بذاتها فالمنحصر المحيط والمنحصر منه النقطة وبالعكس فا نظر ولما انحط الامر الى العناصر انتهى الى الأرض
كعكر مثل الماء في الحب والزيت وكل ما نع في الدن ينزل فيه عكره الى أسفله و يصفو أعلاه والمعنى في ذلك ما يجده عالم
الطبيعة من الحجب المانعة من ادراك ا لانوار من العلوم والتجليات بكدورات الشهوات والشبهات الشرعية وعدم
الورع في اللسان والنظر والسماع والمطعم والمشرب والملبس والمركب والمنكح وكدورات الشهوات بالانكباب عليها
والاستفراغ فيها وان كانت حلالا اوانها تمنع نيل الشهوات في الآ خرة وهي أعظم من شهوات الدنيا من التجلى لان
التجلى هناك على الابصار وليست لا بصار هنا في الدنيا كا هو على البصائر والأبواطن هذه
الظاهر والبواطن محل الشهوات ولا يجتمع التجلى والشهوة في محل واحد فلهذا اجتنح العارفون والزهاد في هذه الدنيا
الى التقليل من نيل شـ هوا تها و انهوا الشغل بكسب حطامها وهذا الامام هو الذي أعلم أصحابه ان ثم رجالا سبـ ه ة يقال لهم
الابدال يحفظ الله بهم الاقاليم السبعة لكل بدل اقليم والبهم تنظر روحانيات السموات السبع ولكل شخص منهم قوة

Lettre de Ghazâli au Sultan Sanjar

Ghazâli : "Fazâill al Anâme"
(connu sous le nom de "correspondances persanes")
Téhéran. Imprimerie de la Banque Nationale d'Iran,
1954.

از فضائل الانام

چون صدر سعید حجةالاسلام اکرمه اله برضوانه در ابتداء عهد و مبدأ ترقی کار بشهر نیشابور طالب علمی میکرد و از تعلیق اصول خویش مختصری بیرون کرده و ترتیبی داده و آنرا المنخول من تعلیق‌الاصول (۱) نام نهاده و در آخر آن کتاب قریب ده کاغذ از مثالب مذهب امام ابوحنیفه رحمةاله علیه جمع کرده بود چون جماعتی از اصحاب رأی آنرا بدیدند عرق حسد و تعصب در ایشان بجنبید و جماعتی هم از اصحاب شافعی و از اصحاب مالک رحمهماله با ایشان یار شدند و بروی تشنیع‌های عظیم زدند پس نزدیک سلطان اسلام رفتند و آنها کردند که حجةالاسلام در امام ابوحنیفه طعن و قدح میکند و مثالب وی جمع کرده و او را در اسلام هیچ عقیدت نیست بلکه اعتقاد فلاسفه و ملاحده دارد. جملهٔ کتابهای خویش بسخن ایشان ممزوج کرده و کفر و باطل را با اسرار شرع آمیخته و خدای را نور حقیقی میگوید و این مذهب مجوس است که نور و ظلمت میگویند و چند کلمه از کتاب مشکوة الانوار را تغییر داده و تبدیل کرده و آنرا بر سلطان عرض کردند و یکی را از غر با اغوا کردند و گفتند وی را که حجةالاسلام در مالک و قاضی ابوبکر افلاک طعن کرده قاضی ابوبکر بسبب آن تشنیع زدن گرفت و نزدیک ارکان دولت تخیلات و تصورات فاسد میکرد پس بدان سبب سلطان اسلام بروی متغیر گشت و قصد رنجانیدن وی می‌کرد و در آنحال حجةالاسلام را کس فرستاد و بنزدیک خویش خواند حجةالاسلام از شدن امتناع نمود و عذر آنرا اینامه نوشت و بفرستاد و نامه اینست:

کتابتی که حجةالاسلام غزالی به سلطان سنجر نوشته
جهت عذر نرفتن بخدمت او

بدانکه این داعی ۵۳ سال عمر گذاشته ٤٠ سال در دریای علوم غواصی کرد تا بجائی رسید که سخن وی از اندازهٔ فهم بیشتر اهل روزگار درگذشت

---

۱) المنخول در علم اصول

۲۰ سال در ایام سلطان شهید روزگار گذرانید و از وی با صفهان و بغداد اقبال ها دید چندبار میان سلطان و امیرالمومنین رسول بود در کارهای بزرگ و در علم دین یک بهفتاد کتاب تصنیف کرد پس دنیا را چنانکه بود بدید . جملگی بینداخت مدتی در بیت المقدس و مکه مقام کرد و برسر مشهد ابراهیم خلیل صلواة الله علیه عهد کرد که پیش هیچ سلطان نرود و مال سلطان نگیرد و مناظره و تعصب نکند کنون دوازده سال است(۱) تا بدین عهد وفا کرده و امیرالمومنین و دیگر سلاطین را معزز داشتند اکنون شنیدم که از مجلس عالی اشارتی رفته است بحاضر آمدن [من] را بمشهد رضا آمدم و نگاه داشت عهد خلیل را بلشکرگاه نیامدم و برسر این عهد میگویم که ای فرزند رسول شفیع باش تا ایزد تعالی ملک اسلام را در مملکت دنیا از درجهٔ پدران خویش بگذارند و در مملکت آخرت بمرتبه سلیمان علیه السلام [ر]ساند که هم ملک بود و هم پیغامبر و توفیقش ده تا حرمت عهد خلیل را نگاه دارد و دل کسی را که روی از خلق بکرداند و بخدا عزشانه آورد بشولیده (۲) نکند چنین دانستم که این نزدیک مجلس عالی پسندیده و مقبولتر خواهد بود از آمدن [ش]خص و کالبد و آن کاری بیفایده است و این کاری است که روی درحق تعالی [دا]رد و اگر چنانچه پسندیده است فمرحبا و اگر بخلاف این است در عهدهٔ عهد شکستن [با]شیم که فرمان سلطان باضطرار لازم بود فرمان را بضرورت منقاد باشم حق تعالی [ز]بان و دل آن عزیز را نادکه فردا درقیامت از آن خجل نباشد و امروز اسلام را از آن ضعف و شکستگی پیدا نشود . والسلام .

Lettre de Mollâ Sadrâ à Mir Dâmâd

Revue Nâméyé âstâné Ghodss, n° 9, 1961, Mach'had

هو العليم قدشرف الله ارضاً انت ساكنها وشرف الناس اذ سواك انساناً سلام الله و
بركاته وتقديس الله وتحياته على مستودع حكمته الحافظ لشريعته اللهم كما جعلته
نوراً يهتدى به فى ظلمات الطبيعة و ضياءً يتلالا مصباحه لسالكى طريق الحقيقة و
دليلاً لا يخمد برهانه وحقاً لا يخذل اعوانه و حبلاً وثيقاً عروته و جبلاً منيعاً ذروته
فاحرس للاسلام والمسلمين رفيع حضرته وافض على ارباب الفضل الافضال سجال
مرحمته ومد على اصحاب العلم والكمال رأفته حتى يجوز من الغنى غاياتها متلقياً
بيمينه راياتها وهو السيد الامجد الاكرم والرئيس المطاع المفخم بل سلطان اعاظم
السادات والنقباء فى العالم. مطاع افاخم الكبراء بين الامم. معمار قلوب الافاضل.
معيار عيون الفضائل. المسطور نعته على صحايف الايام والليالى. المشهور وصفه بين
الاكابر والاعالى. سيد المحققين وسند المدققين. فخر الرؤساء والمعلمين. قدوة
الفقهاء و المجتهدين وارث علوم الانبياء والمرسلين. استاد البشر. العقل الحادى
عشر، علامة علماء الزمان. واسطة عقد اساطين المتالهين من نوع الانسان. عون
الضعفاء والمساكين. غوث الفقراء والسالكين. سمى جده المعصوم باقر علوم الاولين
والاخرين. صلوات الله عليه وآبائه اجمعين. لا زالت آذان الامائل سميعة لجواهر
عباراته و اعناق الاكابر مطيعة لزواهر اشاراته الى يوم القيام. وبعد فيقول عبده و
مملوكه محمد بن ابراهيم الشيرازى المأمول من عواطفه الشاملة ومراحمه الكاملة
واحسانه العميم ولطفه الجسيم ان يعدنى من المنخرطين فى سلك الخدام المنظور بين
بعين العناية والاهتمام. فان استنادى فى جميع الامور اليه و كل خير وصل الى من
لديه. ومنذ بشرت بتوجهه الى دار المؤمنين ومستقر شيعة امير المؤمنين. عليه افضل
صلوات المصلين رأيت فى نفسى قوة مطربة تضاهى السكر وبادرت الى انفاق الصدقة
وسجدة الشكر وسليت البال المجروح بنبال الفرقة بهذا التبشير وسألت الله ان يطلع
تباشير صبح الوصل من افق التقدير انه على ما يشاء قدير وباجابة دعاء الملهوفين
جدير ومنه انجاح المطالب والمآرب واليه اوبة كل آيب وما يجب عرضه على
استادنا الاعظم و قدوتنا الاكرم بعض ما سنح لنا فى ايام الفرقة والامتحان واوقات
المهاجرة والحرمان لما فى ارسال الجميع من ضيق الوقت واستعجال الحامل
والمتوقع من كرمه ان يعذرنى فى كل ما عثر عليه فيها من خلل اوزلل فقد كتبتها على
نهاية عجل ولم يتهيأ لى معاودتها ولا تنقيحها ولا حول ولا قوة الا فوته واليه يرجع
الامر كله وهى امور : منها ان من جملة ما احتجوا على ان الجسم لا يوجد جسماً آخر وانه
لو افاد جسم جسماً آخر لتقدم هيولى الجسم الذى هو العلة على الهيولى الجسم الذى
هو المعلول فرضنا لتقدمها على ما هو العلة مع ان الحمل الهيولى على الهيوليات

حمل بالتواطؤ لا بالتشكيك فحيث لم يقع الهيولوية عليهما بل بالتواطؤ فاذا فرض جسم افاد جسما آخر(١) فيلزم وجود الجسم ان يكون هيولى المعلول متقدمه على جسمية العلة فتقدمه المعلول على العلة محال اقول هذا الوجه اى كون صدق الهيولى على الهيوليات لما كان بالتواطؤ فلا يجوز كون بعض افرادها سببا لبعض آخر منها متقدمة عليها مذكور فى كثير من كتب الفن ولكنى اظن اختلاله بوجهين: الاول النقص بكثير من المواضع كسببية بعض الجواهر لبعض آخر منها كمفارق لمادى اومادى وكمادى لمادى فان جزئى الجسم سببان لوجوده مع ان حمل الجوهر على جميعها بالتواطؤ لا بالتشكيك بالاقدمية وغيرها وغيره و كسببية بعض افراد الكم على بعض آخر كتقدم الجسم على السطح والسطح على الخط مع ان الكم جنس لها لا يقبل التشكيك. والثانى هو ان التقدم والتأخر فى معنى ما يتصور على وجهين: احدهما ان يكون بنفس ذلك المعنى حتى يكون ما فيه التقدم عين ما به التقدم وكذا فى التأخر. و ثانيهما ان لا يكون كذلك بل بامر آخر حتى تعرف ما ما فيه التقدم عن ما به التقدم. مثال الاول تقدم وجود الواجب على وجود الممكنات وتقدم وجود الجوهر على وجود العرض فان التقدم والتأخر ههنا فى نفس المعنى المدلول عليه بلفظ الوجود وبه ايضا. ومثال الثانى تقدم الانسان الذى هوالاب على الانسان الذى هو الابن لا فى معنى الانسانية الذى يقال عليهما بالتواطؤ بل فى معنى آخر هوالوجود او الزمان فما فيه التقدم والتأخر هوالوجود او الزمان وما به التقدم والتأخر هوخصوص الابوة والبنوة. اذا تمهد هذا فنقول لو فرضنا كون هيولى علة لهيولى آخر فلا يلزم ان يكون علة لها فى ان يجعلها موجودة بل فى ان يجعلها موجودة ولاعلية الهيولى التى هى العلة وتقدمها على الهيولى التى هى المعلول فى الهيولوية المتواطئة بل فى كونها موجودة فان كون الهيولى ليس يجعل جاعل وافادة فاعل وهذه المعانى بعينها مذكورة فى كتاب قاطيغورياس المنطق وما ادرى كيف صارت مذهولة عنها. اللهم الان يدعوا انه كما لا تفاوت بين الهيوليات فى الهيولوية كذلك لا تفاوت فى الوجود بمعنى ان يكون حظ بعضها من الوجود ليس آكد من حظ بعض آخر منها و كل ما هوعلة بالذات يجب ان يكون حظه من الوجود آكد واشد من حظ المستفيد فشىء من الهيولى لا يكون سببا لشىء آخر منها. فاقول هذا ان نفى التفاوت فى الوجود فى الهيوليات مجرد دعوى بلا بينة. فانا لا نم ان هيولى الكرة التاسعة مثلا ليست اوفر حظا من الوجود من الهيولى الكرة الثامنة والاولى عندى المعير فى هذا المطلب الى براهين آخر معتقد قوية. ثم ان ما ذكرنا من ان جوهر الا يكون علة لجوهر آخر فى المفهوم من الجوهرية بل فى الوجود وما ادى اليه نظر جمهور الفلاسفة من اتباع المشائين و اما مذهب جماعة من شيعة افلاطون والاقدمين القائلين بان الوجود اعتبار ذهنى و ليس التقدم بين العلة ومعلولها الا بالمهية فيتقدم عندهم جوهر العلة فى جوهريته على جوهر المعلول فى جوهريته كما يجوزون ان يكون بعض اجناس الجواهر من بعض آخر ويقولون جواهر العالم .

Le témoignage de l'ayatollâh Khoméyni à propos de Mollâ Sadrâ

ayatollâh Khoméyni : "Charhé doâyé Sahar"
Téhéran, 1980.

ولی آنان بصیرت ندارند و تجلی او را نمی‌بینند و از آن حضرت است :

«خدا بهر چیزی که اراده وجود آنرا داشته باشد میگوید: (باش) آنهم بوجود می‌آید ولی این گفتن نه بواسطه صدائی است که بگوش برسد و نه آوازی که شنیده شود بلکه کلام خدای سبحان عبارت از فعل او است.» و اهل معرفت گفته‌اند : تکلم حضرت حق عبارت از از تجلی حق است که چون اراده و قدرتش تعلق بگیرد که آنچه را که در غیب است اظهار کند و ایجاد نماید آن تجلی حاصل میشود .

(نزول کتاب الهی از نظر ملاصدرا)

بشارت

صدر الحکماء و المتألهین و شیخ عرفاء کاملین در اسفار فرماید: بدان ای مسکین که این قرآن با هزار حجاب از نزد حق تعالی بخلق نازل شده است بخاطر آنکه چشم دلها ضعیف است و دیده‌ها همچون شب‌پره از دیدن نور آن عاجزند و اگر بفرض باء بسم الله با آن عظمتی که در لوح دارد بعرش نازل میشد عرش از عظمت او گداخته میشد و از بین میرفت تا چه رسد بآسمان دنیا و در آیهٔ شریفهٔ :

(اگر ما این قرآن را بر کوهی نازل میکردیم میدیدی چگونه از خشیت الهی خاشع و از هم پاشیده میشد) باین معنی اشارة شده است. پایان آنچه میخواستیم از سخن ایشان نقل کنیم خداوند بر علوم مقامش بیفزاید. و این کلام از معدن علم و معرفت صادر شده و از مشکوة وحی و نبوت گرفته شده است .

Un poème d'Ehsan Tabari

ترانهٔ یادبود
(به پابلو نرودا)

ای نقش اسلیمی ،
از رگ‌های آهن و شریان‌های طپنده !
دراین پویهٔ شگرف انسانی
چه بسیار انفراد حقیقت را دیده‌ایم ؛
و سراپا کوکرد جان ما شعله شد
زیرا از کپک‌های تباهی بیزاری جستیم .

آنچه یک روز واژه‌ای همه فهم است
امروز طلسمی است لعنت شده
از خون و رنج
در صندوقهٔ سینهٔ ما .
و این ابرها از کوه‌ها سنگین‌ترند
و هنوز یکی نگذشته ،
انبوه‌های سیاه‌تر پدید می‌شود .

هنگامی‌که دوستان تو با دشنهٔ غدر نابود شدند
تو شاعر پیر
درچنگ سرطان
هفته‌ای چند از چنگ دشمن دورماندی
دربستری سرشار از غربت !
سال‌ها از آن روز بی‌خورشید گذشت
وما کسی آن غربت را هنوز
درکام خویش می‌چشیم
و بانگ برمی‌آوریم :
" آه ! نرودا ، نرودا !"

آیا چه در دل داشتی ؟
پاسخ را تنها مرگ می‌دانست
و من رنجبـرانی ژولیده و چروکیده را دیدم
که گویا از نژاد سرخپوست بودند
و به دنبال تابوت تو زار می‌گریستند .

و بدین سان زندگی تو
دراین زمین پایان‌یافت
که آن‌همه آتش و عشق و ناکس را ستودی ؛
و با غرشی که جهان را لرزاند
برای ستمگرانش کیفر طلبیدی.
زیرا خداوند تاریخ به همهٔ ما وعدهٔ پیروزی نداده
ولی از همهٔ ما خدمت بدان را خواسته است .

CHANSON COMMEMORATIVE

- en souvenir de Pablo Néruda -

Toi, l'Homme, arabesque, squelette
Fait de filons de fer et d'artères palpitantes !
Dans cette grandiose quête humaine
Combien de fois n'avons nous pas rencontré
La solitude de la vérité !
Et toute notre âme fut embrasée de flammes
Car nous refusions d'être souillés...

Tous les mots les plus familiers
Sont aujourd'hui des talismans maudits
Où hurlent du fond de notre poitrine
Le sang et la souffrance...
Et ces nuages, là-haut, sont plus pesants
Que les montagnes !
Aussitôt qu'un nuage passe
D'autres, plus sombres, apparaissent...

Lorsque tes amis furent trahis,
Quand les poignards des parjures se dressèrent,
Toi, vieux poète pris au piège du cancer,
Tu demeuras, quelque temps, hors de portée de l'ennemi
Dans un lit noyé de solitude...
Des années ont passé depuis cette journée sans soleil
Et notre coeur a gardé le goût amer de ta solitude
Et nous lançons toujours notre cri :
O Néruda, Pablo Néruda !

Qu'avais-tu donc dans le coeur ?
Seule la mort connaissait la réponse...
Et j'ai lu le malheur,
J'ai vu les visages flétris
D'un peuple dépenaillés d'hommes de race rouge,
Un cortège en larmes derrière le convoi funèbre...

Ainsi ta vie
Sur cette terre toucha à son terme,
Sur ce sol dont tu célébras l'amour, la flamme et la vigne
Et dont le grondement fit trembler le monde...
Tu exigeas le châtiment pour ses oppresseurs
Car l'Histoire ne promet pas victoire à tous
Mais elle exige à nous tous de la servir

EHSAN TABARI